SHODENSHA
SHINSHO

なぜ看板のない店に人が集まるのか

――スモールビジネスという生存戦略

田中森士

祥伝社新書

はじめに

看板がない店。完全会員制の店。インターネット検索で見つけづらい店。週1日、2時間だけオープンする店。近年、このようにあえて間口(まぐち)を狭くしたスモールビジネスが目立つようになった。

スモールビジネスとは、初期投資を抑えて始める小規模なビジネスだ。必ずしも実店舗やオフィスが必要ではなく、たとえば店舗のない個人経営のオンライン書店やデザイン事務所、レンタルスペースで行なう教室ビジネスも、スモールビジネスの一種である。

ビジネスやマーケティングの世界では、いかにしてPRするか、いかにして多くの人に情報を届けるかが重視されがちである。しかし、彼らはあえて露出を控えたり情報の発信経路を限定したりと、一見理解し難い戦略を採用している。

彼らを注意深く観察すると、「大もうけ」はできなくとも「持続可能なビジネス」を手に入れていることに気がつく。郊外の大型店が商店街の客を奪っている――。以前から論じられてきた視点であるが、間口を狭めた店たちはまったく異なる世界でビジネスを淡々と続けている。


「スモールビジネス」や「小商い（こあきない）」という業態は古くから存在していたが、2010年代以降、インターネットの普及や仕事に関する新しい価値観、地方創生政策などいくつかの要因が重なり、あらためて注目されるようになった。さらに、ここ数年も引き続き人々の関心を集めており、副業ブームも相まってスモールビジネス関連書籍の出版が相次いでいる。2024年5月にはNHKの「クローズアップ現代」でも、スモールビジネスが取り上げられた。

他方、インフレに人手不足、先行き不透明な社会・経済情勢と、ビジネスを続けることの難度は格段に高まっている。特に、スモールビジネスは少ない資本・人員で始める小さなビジネスである。これはすなわち、参入障壁の低さにもつながり、それだけ競合も多い。たとえばカフェや居酒屋にしても、店舗数は飽和状態でレッドオーシャンとなりつつある。つまり、スモールビジネスはそもそもビジネスを続けることが難しい業態ともいえるのだ。

私はコンテンツマーケティングを専門とする会社を10年前に立ち上げ、それ以来、マーケティング支援を中心として、大小さまざまな規模のクライアント企業と向き合ってきた。スモールビジネスの支援に携わる経営者のひとりとして、また、生活者のひとりとしても、「個性的なスモールビジネスがなくならないでほしい」という強い想いを持っている。

国内の主要な駅周辺は、ショッピングセンターやチェーン店で埋め尽くされ、どこの駅前、商店街も同じような景観が広がっている。出張が多い私は、しばしば自分が今どの地域に滞在しているのか分からなくなることすらある。こうした業態の利便性は否定しないし、私も利用している。いっぽうで、個性的なスモールビジネスが減ることは、街の個性喪失や魅力低下につながりかねない。

そこで本書では、スモールビジネスを長続きさせるためには何が必要なのか、という問いを起点に企画をスタートさせた。

冒頭で述べたように、間口を狭めた店は、レッドオーシャンではなく自分の土俵で相撲を取ることに成功した。その結果、不思議と顧客から愛され、長続きしている。この種の事例は、枚挙にいとまがない。

本書は、このような間口を狭めた店を含む多数のスモールビジネスへの取材を通し、スモールビジネスを続けるために必要な戦略やマインドセットをまとめたものだ。


タイトルの「看板のない店」は「間口を狭くする」方法のひとつである。本書では、間口を狭めて差別化する戦略を他にも紹介しているが、あくまで象徴として「看板のない店」をタイトルに用いた。

サブタイトルの「スモールビジネスという生存戦略」には、2つの意味がある。第1に、「経営者自身の生存戦略」との意味合いである。起業は万人におすすめできるものではない。起業すること自体のハードルは低下しているが、先述の通りビジネスを続けることの難度は高まっているからだ。

他方、パーパス（社会における存在意義・存在理由）を言語化できており、かつ覚悟を決めた人にとっては、自分らしく、また人間らしく生きていける意味で、スモールビジネスはすばらしい選択であると断言できる。経営者自身が、本来の自分を抑圧することなく生き生きと働くことができ、またＡＩに代替されない存在になれる意味で、スモールビジネスは「経営者自身の生存戦略」ともいえるのだ。

第2に、「企業の生存戦略としてスモールビジネス的な発想が有効である」との意味合いである。この先、どんな企業であっても、環境変化にともない新たなビジネスを打ち出すべき場面が来るだろう。先が読めない時代にあって、スピード感を持ってスモールスタートさせることが新規ビジネスの鉄則である。その意味では、中小企業はもちろん、大企業にもスモールビジネス的な戦略や発想が求められている。

こうした理由から、本書の想定読者には「これからスモールビジネスを立ち上げる方」「スモールビジネスの経営で悩みを持たれている方」だけでなく、「中小企業の経営者」や「大企業の新規事業開発セクションの方」も含めている。

本書の構成は以下の通りである。

第1章は、そもそもスモールビジネスとは何かについて、書籍などを読み解き、その特徴をまとめた。第2章では、近年スモールビジネスが世の中から求められるようになった理由を明らかにする。第3章では、取材や私自身の経験、研究、日々のクライアントワークをもとに導き出した「スモールビジネスを持続させる10のポイント」を提示する。第4章では、間口を狭める戦略について、多数の事例と共にその背景や理由を解説する。第5章では、先進的な国内外の事例を紹介し、スモールビジネスの未来について考察する。

なお、各章は独立しており、興味がある章からお読みいただいて構わない。具体的な経営戦略について早く知りたい、という方は第1章・第2章を飛ばし、第3章以降に目を通していただきたい。

本書が覚悟を持ってスモールビジネスに取り組む方の助けとなれば、著者としては望外の喜びである。

２０２５年３月吉日

田中森士

目次 ―― なぜ看板のない店に人が集まるのか

第2章 なぜ今、スモールビジネスなのか？

第3章 成功に導く10の基本戦略

第4章 究極の差別化戦略

第5章 スモールビジネスの未来

本文ＤＴＰ　アルファヴィル・デザイン

※本文中の海外の事例における価格の日本円表記は、取材時または執筆時のレートとする。また、引用文には適宜、ふりがなを加除した。

第1章

スモールビジネスとは

スモールビジネスとの出合い

スモールビジネスとは具体的にどのようなビジネスで、その特徴は何だろうか。

スモールビジネスという言葉自体は以前から存在していたが、特に2010年代から注目を集めるようになった。2015年に私が立ち上げたコンテンツマーケティングの会社では、事業のひとつとしてスモールビジネスのマーケティング支援、経営のコンサルティングを手がけている。詳細は後述するが、2024年からはアジアスモールビジネス連盟の日本代表を務めている。

ビジネスにおいても普段の生活においても、スモールビジネスと深いかかわりを持つ私だが、スモールビジネスとの最初の出合いは、高校時代にまでさかのぼる。自転車での帰り道に1軒の団子屋があった。母校と自宅は自転車で片道40分。休憩がてら友人と週1～2回ほど立ち寄り、串団子を買った。

店主は「今日は冷ゆるね」「勉強がんばらなんバイ（勉強がんばらなきゃいけないよ）」などといって、私たちを何かと気にかけてくれた。夏には名物のかき氷が登場するのだが、サービス精神旺盛な店主は「おまけしてやるけんね（おまけしてあげるからね）」

といいながら、削った氷を手でガチガチに固めてくれた。確かにかき氷の重量は増したが、プラスチック製スプーンが刺さらないほどの固さとなった。とはいえ店主の親切心にクレームを入れるわけにもいかない。友人らと苦笑いしながら〝掘削作業〟にあたったのはいい思い出だ。今思うと、店主とのコミュニケーションを目的に通っていた部分もある。

もうひとつ、原体験として思い出されるのは、バックパッカーとしてインドを訪れたときのことだ。２００７年夏、私はインド東部のコルカタに滞在していた。けたたましいクラクション。街全体を覆う砂埃(すなぼこり)。ぼったくろうとするインド人商人たち。疲れが取れないドミトリーの硬いベッド。初海外、初ひとり旅のバックパッカーにとって、コルカタの環境はあまりに厳しく、精神がすり減っていた。

唯一の楽しみは、宿に近い食堂での食事であった。朝食メニューはセットで１００円台で、カレー風味のスープとチャパティーの味は抜群だった。スタッフの感じがよかったこともあり、毎日通っていた。１日に2回利用した日もあった。

コルカタでの最後の日もその食堂で食事をした。会計時、ターバンを頭に巻きあごひげを蓄えたシーク教徒の店主に感謝を伝えた。店主と話したのはこのときがはじめてである。すると店主は「君が毎日来てくれたことを私は知っている。本当にありがとう」と口にし、お礼のつもりなのだろうか硬貨を渡そうとした。さすがに悪いので「結構です」と告げると、店主は首をくいっと傾けてウインクした。「いいから取っておけ」というわけだ。もう二度と来ないかもしれない若者に、なぜそこまでしてくれるのか。精神状態が限界だったこともあり、店主の優しさに目頭が熱くなった。

コルカタの直後に滞在したブッダガヤという町では、露天のマンゴーラッシー屋と出会った。その店は注文を受けてから1杯ずつ調理して出すスタイルで、日本人バックパッカーのあいだで評判だった。店主は専用の木製器具を用い、両手で火起こしするような動きで材料をかき混ぜていた。相場よりもほんのすこし高価だが（それでも1杯数十円だったと記憶している）、時間をかけて丁寧につくる様子を見た上で飲むと、驚くほど美味しく感じられた。

このマンゴーラッシー屋には連日通った。歩き回って疲れた午後、店主に挨拶して注文する。そして作業を眺めながらしばし待つ。グラスを受け取ると、適当にその辺に腰掛け、ストローですこしずつ飲む。これが私の日課となった。

首都デリーの駅の脇で営業していた露天チャイ屋も印象的な店だった。茶葉の香りが強く、他の店と比べて段違いに美味しい。価格は確か1杯10円か20円で、いつも賑わっていた。無愛想な店主は不思議な存在感があり、煮出してつくったチャイを華麗な動きでグラスに注いでくれた。店主の雰囲気とチャイの味に惹かれ、定宿から連日歩いて通った。

私たち人間にとって小さな店は癒やしの存在である。店主との交流自体がかけがえのない思い出となる。あとになって料理の写真を見ても、まったく思い出せない店が大半である。しかし、店主との交流があったり、丁寧な仕事をしていたりする店は、たとえどれだけ時間が経とうとも鮮明に覚えているものだ。

もともと、昔ながらの商店街が大好きだった私は、学部生のころに商店街の店舗構成の変遷を研究した。研究の過程で、郊外型のショッピングセンターの台頭により、昔ながらの商店街に活気がなくなってきていることを身をもって知った。

さらに、大学院の修士課程では、ロードサイド型ショッピングセンターにおける消費者行動を研究した。「ショッピングセンターは利便性があるいっぽうで、買い物の楽しみは得られない。商店街に優位性があるだろう」。そう考えていたが、結果は違った。

ショッピングセンターの来店者から対面アンケートで得たデータを解析したところ、平日の来店目的が生活必需品の入手だったのに対して、週末はショッピングで余暇を過ごすために来店していることが判明した。後者は買い物を楽しむための来店であり、つまりは商店街が優位性を保持できていなかったのである。

実際に地方都市の商店街を歩くと、シャッターが目立つ。中心市街地のアーケードはチェーン店だらけだ。しかし、スモールビジネスはまちの文化を形づくる存在である。スモールビジネスがもたらす心と心が通う交流は、数字では計れない価値といえる。スモールビジネスがなくなれば、まちから活力と文化が失われ、個性も消える。住民の地元への愛着もなくなるであろう。こんな日本でいいのだろうか。なんらかの形でスモールビジネスを支援したい。私はこうした想いを持ち続けた。それから数年後、この想いは形になる。

私は修士課程を修了したあと、熊本県立水俣（みなまた）高校の常勤講師（地理・歴史）、産経新聞の記者を経て、熊本市にＵターンした。そして２０１５年、コンテンツマーケティングの会社「クマベイス」を立ち上げた。大企業や中小企業のマーケティング支援に限らず、国内外のスモールビジネスのマーケティング支援・経営支援にも積極的に携わり、ノウハウを蓄積した。また２０１７年ごろからは、国内外のスモールビジネスを取材し、話題を集める店や長続きする店の成功事例に触れた。

次第に国内外のイベントやセミナーにおいて、スモールビジネスの事例を紹介する機会ができていった。すると、ある海外カンファレンス（特定のテーマについて話し合ったり情報を共有したりする大型イベント）をきっかけに２０２４年、国際組織「アジアスモールビジネス連盟」の日本代表に就任することになった。スモールビジネスの経営者にマーケティングやマネジメント、財務、ＨＲ（人的資源に関する業務）といった「起業家的スキル」を学ぶ場を提供すると共に、アジア・オセアニア地域におけるスモールビジネスのネットワークを構築することが目的の組織である。現在、インドネシアやタイ、マレーシアなど約10カ国に地域組織があり、２０２５年以降も新たな地域組織の立ち上げが決定しているなど、勢いのある組織だ。

スモールビジネス業界の活性化は、地域の活気を生み出し、ひいては国全体の魅力向上にも貢献する。こうした持論を持つ私は、アジアスモールビジネス連盟の仕事にも意欲的に取り組んでいる。

以上が私とスモールビジネスとの出合い、そしてかかわりのすべてである。このようなバックグラウンドをもとに、スモールビジネスへの想いをもって、本書のもとになる取材を行ない、執筆を進めていった。

スモールビジネスの定義はさまざま

まずスモールビジネスという言葉について整理しておきたい。深く浸透した用語であるが、意外なことに世の中にはさまざまな定義が存在する。

まずは日本で出版されたスモールビジネスをタイトルに冠した書籍を見てみよう。東洋大学経営力創成研究センター編『スモールビジネスの経営力創成とアントレプレナーシップ』(学文社)は、主に中小企業を対象に書かれた書籍であり、スモールビジネスが中小企業を指している。寺岡寛著『スモールビジネスの経営学』（信山社）は、スモールビジネスを「大企業という経営組織体以外のものを指す（中略）多様な概念」とした上で、「自営業者」「零細企業」「小企業」「中企業」の分類を示している。ただし零細企業を「マイクロビジネスといってもよい」、小企業を「スモールビジネスといってもよい」とも説明しており、スモールビジネスという概念にはさまざまな捉え方があることを示唆している。

『スモール・ビジネスの経営を考える』（文眞堂）の著者・齊藤毅憲氏は、同書のなかでスモールビジネスが「小企業」のイメージであるとした上で、厳密に定義しているわけではないものの、従業員数50人以下の企業をイメージしていると述べている。他方、スモールビジネスは多様性に満ちており、「こういうものである」という統一的なものはないとも認めている。

従業員数ではなく、売上高や目指す方向性を定義に含むケースもある。ベストセラーとなった武田所長著『スモールビジネスの教科書』（実業之日本社）は、スモールビジネスを「年間安定して３０００万円以上、自由に使える金を2年以内に創出できる」「事業価値の最大最速成長よりも安定着実を重視し、関係者に対して利益をもたらす」「売上は100億円以下を目安とする」「自由度を重視し、オーナーの生き方を制約しないように、自己資本での運営を基本とする」と定義している。ステークホルダーの利益やオーナーの生き方に言及している点が興味深い。

海外ではどう定義されているのだろうか。アメリカの連邦中小企業庁は、同庁ウェブサイトにおいて、営利目的で組織されていること、独立して経営されていること、その分野で全国的に支配的でないことなどをスモールビジネスの条件に掲げる。事業形態については、個人事業や法人などその形態を問わないとしており、何をもってスモールビジネスとするかは、業界によって基準が異なると説明する。具体的な基準は、年間売上高または雇用者数で示されており、それぞれ225万〜4700万ドル、100〜1500人と幅がある。

経営の独立性に焦点を当てた見方も存在する。N・J・ハンフリーズ、G・W・リムラー著、藤本直(ふじもとなおし)訳『スモール・ビジネスの挑戦』(PHP研究所)は、スモールビジネスについて「所有と経営とが分かち難く結びついた企業」「所有者が積極的に経営に関与している企業」と説明。その上でスモールビジネスはオーナー経営者の「器(うつわ)」であると表現する。

国際組織はスモールビジネスをどう捉えているのか。アジアスモールビジネス連盟代表で、バングラデシュのシャージャラル科学技術大学・経営学部経営学科教授のモサダック・アハメド・チャウドリー氏は「アジアスモールビジネス連盟ではスモールビジネスを明確に定義付けしていない」と説明する。その理由として、スモールビジネスの定義は国ごとに異なり、これらを統一するのは現実的ではないことを挙げる。

日本の公的な区分はどうなっているのか。実はスモールビジネスを明確に規定した法律は存在しない。ただし、中小企業基本法では、中小企業者と小規模企業者（事業者ではなく企業者）をそれぞれ定義している。

中小企業者から見てみよう。たとえば製造業の場合、「資本金の額又は出資の総額が三億円以下の会社」「常時使用する従業員の数が三〇〇人以下の会社及び個人」のいずれかに該当する者としている。これがサービス業になると、それぞれ5000万円以下、100人以下となる。さらに小売業は、それぞれ5000万円以下、50人以下となる。

いっぽうで、小規模企業者は資本金や売上高による定めがなく、従業員数のみで規定される。製造業その他は20人以下、商業・サービス業は5人以下となっている。なお「企業者」と表現されているが、「個人事業主」も含む。

私たちにとって「小規模企業者」よりもなじみがある「小規模事業者」は、「商工会及び商工会議所による小規模事業者の支援に関する法律」で定義されている。製造業その他の業種は従業員数20人以下、商業・サービス業は5人以下、サービス業のうち宿泊業・娯楽業は20人以下となっている。

この他、小規模企業振興基本法では「小企業者」という表現が出てくる。これはおおむね常時雇用する従業員数が5人以下の事業者を指している。

狭義のスモールビジネス＝小商い?

ここまで見てきて分かるように、「スモールビジネス」とひと口にいっても、さまざまな定義やイメージが存在する。他方、スモールビジネスが「初期投資や経費を抑えた小規模なビジネス」を意味するケースも近年増えてきた。

「はじめに」で触れた「クローズアップ現代」では、スモールビジネスを「従業員5人以下、初期投資や人件費を抑えた小さなビジネス」と解説している。番組の桑子真帆キャスターは、「小さいけれども、こだわりのあるお店。今、まちなかに増えてきたなと感じる方が多いのではないでしょうか」と視聴者に呼びかけた。スモールビジネスと聞いたとき、「こだわりのあるお店」を想起する人は確かに多いであろう。

碓井美樹著『〝好き〟を仕事にする力』（PHP研究所）は、好きなこと、やりたいことで起業した女性たちを取材した好著だ。副題は「スモールビジネスを立ち上げた100人の女性たちのリアル」。登場するのは書店、雑貨店、焼き菓子店などで、いずれも「クロ現」のスモールビジネスの捉え方と合致する。

これらの概念は、「小商い」の概念と非常に近い。『広辞苑（第七版）』は小商いについて、わずかの資金で行なう小規模の商い、と説明している。しかしながら、一般に「小商い」という用語を使用する際、さまざまなニュアンスが含まれる。

磯木淳寛著『「小商い」で自由にくらす』（イカロス出版）は、小商いについて「思いを優先させたものづくりを身の丈サイズ」で行ない、「顔の見えるお客さんに商品を直接手渡し、地域の小さな経済圏を活発にしていく商い」と定義。その上で、この定義が「とことん『ＤＩＹ』で『Face to Face』で『ＬＯＣＡＬ』であること」を意味すると解説する。

さらに磯木氏は、「自分のやりたいことを１００パーセント叶えながら生計を立てていこうと奮闘する、精神的に解放された自由な働き方」とも述べ、小商いが起業した人物の「生き方」にもかかわっていることを示唆する。

本書で扱うスモールビジネスの世界観に近いのが、雑誌「スペクテイター」（第27号、２０１３年発行）の、小商い特集だ。同号では、小商いを「現代のヒューマンサイズのスモールビジネス」と捉えている。また同誌はこの2年後にも小商いを特集している（第34号、２０１５年発行）。同号では、アメリカのオレゴン州ポートランドをフィールドに小商いについて考察。小商いとは、「自分のビジネスは質のいいものでありたい」と切に願う個人がひそかに企てる「ビジネススタイル」だとしている。

小商いについて語られるとき、度々引用される平川克美(ひらかわかつみ)著『小商いのすすめ』（ミシマ社）は、小商いを「さまざまな外的な条件の変化に対して、それでもなんとか生きていける、笑いながら苦境を乗り越えていけるためのライフスタイルであり、コーポレート哲学」としつつ、「ヒューマン・スケール」の日本語訳であるとも説明する。「スペクテイター」の「ヒューマンサイズ」や『小商いのすすめ』の「ヒューマン・スケール」という言葉からは、人間らしいビジネス、拡大を追い求めないビジネスが連想される。

鈴木雅矩（すずきがく）著『京都の小商い』（三栄書房）は、京都をフィールドに、「小商い」という働き方を紹介・考察している。同書は小商いについて、身の丈に合った形で、自分の責任が持てる範囲でする商いと定義。具体例として商店街の鮮魚店や八百屋、駄菓子屋などを挙げる。加えて、自分で商品を集めたりつくったりして、それを客に販売し、金銭を得るという流れで行なう、「商いの原点に近い働き方」であり、かつ規模の拡大をいたずらに追わないという意味も含むと指摘する。これは「ヒューマンサイズ」「ヒューマン・スケール」のイメージに近い。

整理すると、「スモールビジネス」ではなく、あえて「小商い」という用語を使用する際、さまざまな意味が内包される。具体的には、ローカルに根ざしていること、小さな経済圏であること、対面を基本とすることなどの要素が入り、またライフスタイルやビジネススタイル、ビジネスの哲学をも含む。小商いについては、日本で一定の共通認識があるといえよう。

本書におけるスモールビジネスの定義

近年、スモールビジネスが「ごく小規模なビジネス」を意味するケースが増えてきた。実際、「スモールビジネス」と聞いたとき、小規模な店舗をイメージされる方は多いであろう。

たとえば岩崎邦彦（いわさきくにひこ）著『スモールビジネス・マーケティング』（中央経済社）は、主に小規模小売店を対象としている。また、アメリカの第47代大統領に就任したドナルド・トランプ氏に関するテレビニュースで、飲食店オーナーの男性がインタビューに対し「今の経済はスモールビジネスにとって厳しい」という趣旨のことを述べていた。やはり市民レベルで想起されるのは地域密着型の飲食店や小売店のようだ。

いっぽうで、近年はビジネスの形が多様化しているが、本書で提示する理論や戦略を、いわゆる士業やコンサルティング業、クリエイティブ業などさまざまな業種・形態のビジネスに当てはめたところ、汎用性が高いことが分かった。

これらの理由から、本書ではスモールビジネスを以下のように捉えることとした。

《スモールビジネスとは》
初期投資や運営コストを抑え、規模の拡大を目的化しない、5人以下で運営する小規模なビジネス。

スモールビジネスの特徴

スモールビジネスにはどういった特徴があるのだろうか。

アジアスモールビジネス連盟代表のチョードリー氏は、比較的少額の投資、人員、インフラで運営が可能な点をスモールビジネスの特徴に挙げる。先述の『京都の小商い』にも、小商いについて、大きな投資を募らずに自己資金プラスアルファの予算で始めるとの記述がある。

顧客一人ひとりと向き合った上でサービスを提供できる点も特徴といえよう。前掲『スモール・ビジネスの挑戦』は、スモールビジネスは「人間一対一のパーソナルなサービスを提供することができる」と指摘する。

『スモール・ビジネスの経営を考える』によると、スモールビジネスの経営上の特徴のひとつに、地域密着性も挙げられる。スモールビジネスが一国の経済に対し大きな影響をおよぼすことは少ないが、地域経済にとっては重要な位置と役割を持っているという。また同書は、取引先の方針や景気など、外部環境の変化の影響を受けやすく、経営が外部環境のプレッシャーに弱いという印象を与える点も、スモールビジネスの特徴であることを強調している。さらには、足下の経営の存続と維持に追われざるを得ない「余裕のない経営」がスモールビジネスであり、「なんとか潰さずにがんばろう」という「思い」がビジネスを成功させようとするドライバー（推進力）になると、興味深い指摘をしている。

飯田順著『誰でもできる新ビジネス発見法』（税務経理協会）は、スモールビジネスの特徴に関する章のなかで、「ニッチ」や「スピード・小回り性」という言葉を用いて論を展開している。飯田氏はニッチが「隙間産業」「隙間市場」を意味することを説明した上で、これらは「大企業が手をつけないような小さな市場」「世間に注目される前の新たなビジネス」であると補足する。また、スモールビジネスは迅速な意思決定が可能で、都会にオフィスを構える大企業と比して、顧客を気軽に訪問して顔を合わせられる特徴があると説明する。

「ニッチ」については、いわゆるランチェスター戦略にもつながる概念である。竹田陽一著『ランチェスター弱者必勝の戦略』（サンマーク文庫）によると、ランチェスター戦略は、「兵力の小出しは損失が多い」などの法則にもとづく戦略である。

同書によると、兵力数が優勢な場合、さらに兵力数を増やして戦うと、味方の損害はより少なくなり、かつ目的を早く達成できるという。条件に恵まれた優勢な集団は、物量的に戦うことでより有利な戦いを展開できる。これを「強者の戦略」と呼ぶ。

いっぽうで、戦力に限りがある集団は、優勢な集団とは違ったやり方が必要だ。同書によると、戦いの範囲を細分化して検討し、特定の場面に集中的に力を投入する。その範囲において物量戦に持ち込むと、条件に恵まれない集団でも勝機をつかめるという。優勢な集団にも弱い部分があり、そこに戦力を集中すれば勝てるという発想だ。これを「弱者の戦略」という。具体的な戦略概念として、同書は、勝ちやすい場面を選ぶこと、ナンバーワンづくりを目指すこと、営業活動は局地戦にすることなどを紹介している。

スモールビジネスが取り入れるべきは弱者の戦略だ。勝ちやすい場面とはニッチにほかならず、ニッチな分野でナンバーワンを目指すことが求められる。

「スピード・小回り性」については、さまざまな書籍で言及がある。デブラ・クーンツ・トラベルソ著、阪本啓一（さかもとけいいち）訳『スモールビジネスマネジメント』（翔泳社）は、「巨大企業のように、図体の大きさで身動きできずにいるという状況でなければ、ビジネスを進めていくことも、顧客への対応も、市場の変動に対応していくこともむしろ簡単なことなのだ」としており、同様の指摘といえよう。

これまでに見てきたスモールビジネスの特徴をまとめると、図1のようになる。ス

図1　スモールビジネスの特徴

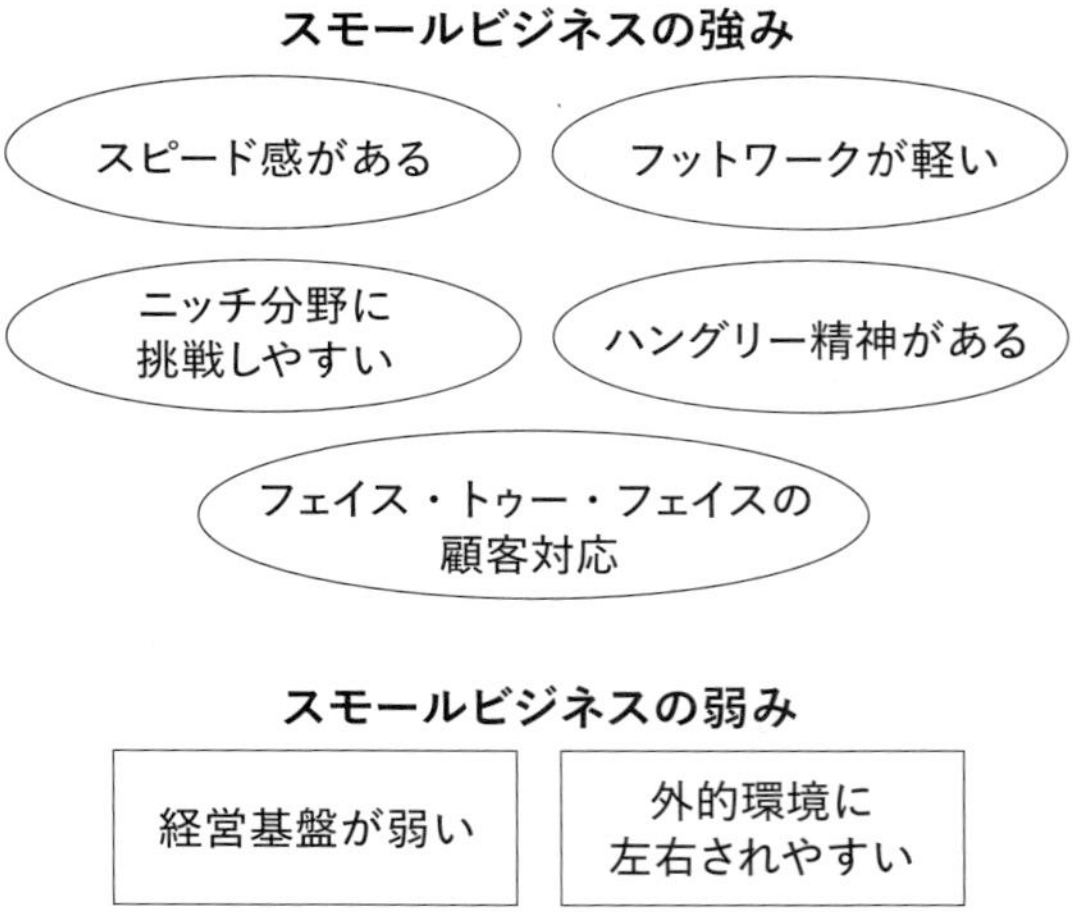

スモールビジネスの強み

スピード感がある

フットワークが軽い

ニッチ分野に
挑戦しやすい

ハングリー精神がある

フェイス・トゥー・フェイスの
顧客対応

スモールビジネスの弱み

経営基盤が弱い

外的環境に
左右されやすい

モールビジネスは経営基盤が弱く、外的環境に影響されやすい。他方、規模の小ささがスピード感やフットワークの軽さに直結しており、大企業が目をつけにくいニッチな分野にもチャレンジしやすいビジネス形態ともいえる。また、経営基盤のもろさは、それ自体が危機感やハングリー精神につながり、経営者自身の商品・サービスの質向上への意欲が高まる。スモールビジネスの強みともいえる個々人に合わせたフェイス・トゥー・フェイスの対応は、顧客満足度の向上につながる。

スモールビジネスの魅力〈経営の視点〉

起業・経営する側にとって、スモールビジネスにはどんな魅力があるのだろうか。『京都の小商い』の著者・鈴木氏は、同書の「あとがき」で「(同書で取材した12名全員が)仕事と、趣味や生きがいが同じ方向を向いている人」であったと振り返っている。仕事と趣味は世間では対立する概念として捉えられがちだが、働いている時間もプライベートの時間も、生きている時間に変わりはないとした上で、「同じ時間を過ごすなら、生きている実感を得て喜びを感じたい」と書いている。

いっぽう、『スモール・ビジネスの挑戦』は、スモールビジネスのリーダーが「大企業による庇護を求めないし、必要としない」人たちであると指摘。彼らの傾向を「自らの知識、自らの経験、自らの決断を踏み台として、大きく飛躍しようと試みる」「安全と引き換えに自分の可能性を売ることを拒否する」と分析する。

使い古された言葉だが、人生は一度しかない。その人生において、「生きている実感」が得られ、また「大きく飛躍」することを目指せる環境は、スモールビジネスの醍醐味といえよう。

起業家精神を持つ人にとって、スタートするハードルが低い点もスモールビジネスの魅力のひとつだ。特に自己資金で始め、かつ固定費を抑えた経営計画を立てるのであれば、他の起業形態と比較してリスクが低い。

仕事を通してさまざまな人と出会える点も、魅力のひとつといえよう。以前、ウイスキー好きの知人が、東京から私の住む熊本へ遊びにきてくれたことがある。彼に喜んでもらおうと、食事後に老舗酒屋が経営するバーを訪れた。知人はウイスキーの知識に関しては玄人はだし。マスターもそれに応えるように、貴重なウイスキーを棚の奥から次々と出してくれた。知人とマスターは、まるで古くからの友人であったかのように、閉店時間の間際までウイスキー談義に花を咲かせた。我々が店を後にしようとすると、マスターがこう口にした。「お客様のような方にウイスキーを味わっていただきたくてこの店を始めたんです」。マスターの充実感たっぷりの表情が忘れられない。

長野県内でコーヒースタンドやスナックの経営に携わる徳谷柿次郎（とくたにかきじろう）氏も、スモールビジネスを通して人とのつながりが増えていくことを実感している。徳谷氏は「編集の力で、今に風穴を。」を合言葉とするクリエイティブ企業「Huuuu（フー）」（長野市）の代表という顔も持つ。大阪出身で、26歳のときに上京。そこから縁あって長野に移住した。長野で実店舗型のスモールビジネスを続けるうちに、「私（徳谷氏）個人やフーの取り組みを手伝ってくれる仲間」が増えていった。リアルな場があることで、コミュニティーが生まれ、すこしずつ拡大していく。結果的に「フーの採用活動や広報活動にもつながった」という。

スモールビジネスから得られるのは収益だけではない。人とのつながりという無形の資産（アセット）が手に入る点こそ、スモールビジネス最大の魅力といえよう。

スモールビジネスの魅力〈顧客の視点〉

前項では、経営する側のスモールビジネスの魅力について述べた。では、顧客にとってのスモールビジネスの魅力にはどういったものがあるのだろうか。まとめると、

図2　顧客にとってのスモールビジネスの魅力

- 専門的なアドバイスが得られる
- 商品の選別を代行してもらえる
- 本来の自分に戻れる機会、リフレッシュの機会

図2のようになる。

この点を検討するにあたり、もっとも参考になったのがイモージェン・ルペール著、レスリー・ラウ写真『An Opinionated Guide to Independent London』（Hoxton Mini Press）である。ロンドンの独立系ショップを多数紹介した興味深い1冊だ。本書の企画に際しても、大いにインスピレーションを受けた。なお同書は「独立系ショップ」という単語を用いているが、本書のスモールビジネスの概念とほぼ同義である。

同書は、文中で取り上げる独立系ショップがユニークかつ洗練されており、実際に足を運べる店ばかりであることを強調した上で、「独立系ショップはオーナーの情熱が具現化された場所」と指摘する。また多くの場合、店主がすべての商品を選び、それぞれのアイテムにまつ

わるストーリーを語ることができて、「専門的なアドバイスも提供してくれる」と説明。ひとつの例として、「雨に耐えられるほど丈夫で、素肌に触れても柔らかい素材」を探しているなら、ロンドンにある生地専門店「The Cloth Shop」の店主に相談してみてほしいと読者に呼びかける。同店は天然繊維のラインアップが充実しており、同店ウェブサイトには「スタッフは全員生地とその用途について幅広い知識を持っています。サイズや生地の適性、カーテン・メーカー、椅子張り職人、洋服職人などのご紹介もいたします」と丁寧に書かれている。これ以上に安心できる相談相手は、世界中探してもなかなか見つからないであろう。

ネットで何でも調べることができ、何でも手に入る時代において、独立系ショップの魅力はどこにあるのか。同書は「時間に追われる現代では、すべての購入について調査し、それが自分の価値観に合うかどうかを判断する余裕がない」と指摘する。しかし、信頼できる独立系ショップであれば、店主が商品の選別を代行してくれる。これこそ、独立系ショップの魅力だと説明する。

私が信頼する専門店は国内外に数多く存在する。店主らは毎回、私ひとりでは見つけることが難しい、または自信を持って選ぶことが難しい分野の商品を紹介してくれる。『An Opinionated Guide to Independent London』が指摘するように、信頼できる店主がプロの目で選んでくれるというのは、長い目で見ると時間とコストを抑えてくれるものだと実感している。

もうひとつ、カフェやバーといったスモールビジネスの場合、「サードプレイス（職場でも自宅でもない第3の場所）」としての役割が大きい。詳しくは後述するが、ストレス過多かつ関係性が希薄な現代社会において、極めて重要な役割を持っている。顧客にとっては、本来の自分に戻る機会やリフレッシュする機会を得られるという魅力があるのだ。

第2章

なぜ今、スモールビジネスなのか？

スモールビジネスを取り巻く環境

本章では、今スモールビジネスに注目が集まる理由を明らかにしたい。そのために、まずはスモールビジネスを取り巻く環境をデータから俯瞰してみよう。

日本政策金融公庫総合研究所の「2024年度新規開業実態調査」によると、開業費用の中央値は、1995年が1000万円であったのに対し、2024年は580万円となっている。開業ハードルが低下しているのだ。

中小企業庁の「2024年版小規模企業白書」によると、起業者数は2012年の513・9万人に対し2022年は465・7万人と、10年で48・2万人減っている。それだけ経営環境が厳しくなっているのであろう。しかしながら、このうち女性は91・8万人から103・9万人に増えており、女性が全体に占める割合も17・9%から22・3%へと4・4ポイント増加している。また、29歳以下の起業者数は、2012年の7・6万人から10年で11・3万人へと増えている。女性や若者のスモールビジネス起業が増えていることがよく分かる。私の周囲でも、女性や若者がオンラインビジネスや店舗経営に乗り出すケースが、ここ数年増えた印象だ。

業種別の開業率について、同白書によると「宿泊業、飲食サービス業」が6・9％と全業種でもっとも高く、「生活関連サービス業、娯楽業」が5・7％で続く。他方、廃業率についても「宿泊業、飲食サービス業」（5・0％）、「生活関連サービス業、娯楽業」（4・4％）と同じ並びになっている。これらの業種はスモールビジネスのなかでも入れ替わりが激しいといえよう。

飲食店はスモールビジネスの典型的な形態だ。しかし、置かれている環境は必ずしもよくはない。帝国データバンクの『『飲食店』の倒産動向調査（2024年）』によると、2024年の飲食店の倒産は894件で、過去最多となった。飲食店の大半が小規模事業者であり、同社はレポートのなかで「（小規模事業者は）消費者の節約志向により値上げを躊躇（ちゅうちょ）し、収益改善が遅れて厳しい資金繰りが続いているケースが多い」と分析。また「競争力に劣る事業者の倒産や休廃業は高水準で推移するとみられる」との見通しを示す。

スモールビジネスが注目されているとはいえ、経営環境には厳しい面があり、安易に飛び込むことは推奨されない。いっぽうで、世の中の流れはスモールビジネスを求めている。ここから具体的に見ていこう。

「消滅可能性自治体」を救うスモールビジネス

民間の有識者でつくるグループ「人口戦略会議」は2024年4月24日、「令和6年・地方自治体『持続可能性』分析レポート―新たな地域別将来推計人口から分かる自治体の実情と課題―」を発表した。同レポートでは、「若年女性人口の減少率が2020年から2050年までの間に50%以上となる自治体」を、最終的に消滅する可能性がある「消滅可能性自治体」と定義している。分析の結果、全体の4割超にあたる744自治体がこれに該当したという。

一度人口の急激な減少が進めば、歯止めをかけることは難しい。人口が減少すれば当然ながら地域の文化や経済を守ることが難しくなっていく。

市民参加による地域活性化および持続可能なまちづくりを研究する、長崎県立大学地域創造学部公共政策学科の石田聖(いしださとし)准教授は、人口減少にともなって生じる課題の解決に、スモールビジネスが貢献するのではないかと期待を寄せる。

石田准教授によると、スモールビジネスは地域の雇用創出源であり、大企業では網羅できない多様な職種を提供することで、特定産業への依存を低減させる。その結果、労働市場の柔軟性向上が期待できるという。同時に、スモールビジネスは地域内の消費を喚起し、資金の域外流出を抑え、地域経済循環を活性化させ得るとも指摘する。

また、石田准教授によると、スモールビジネスは地域固有の文化や伝統の維持にも貢献するという。なぜなら「地域のアイデンティティーを形成し、文化の多様性を支える役割も担うことができる」からだ。住民が地域への愛を抱くことにも一役買う。また、地域住民の多様なニーズに応じ、パーソナライズされたサービスは、地域社会の「包容性」を高める。

社会的な面では、スモールビジネスが提供する場が「住民間の相互作用」を促す。その結果、「社会関係資本（ソーシャルキャピタルの訳で、人々のつながりや信頼の蓄積がもたらす社会的な基盤またはネットワーク）が形成されると共に、地域の一体感も強化される」という。

いっぽうで、特に若年層の減少が進む地方部では、人材不足や資金調達の困難さ、市場規模の限界、持続可能性への対応、社会関係資本の維持といった点で課題を抱えることが多い。石田准教授は、これらを克服するには、柔軟な働き方やデジタル技術の活用、地域金融機関との連携、広域連携を進めていくことが重要になると指摘する。スモールビジネスには、大企業には代替できない個性や創造性がある。だからこそ、「自分たちが今やっていることや目指していることは間違っていない」という自信を醸成する環境に加え、将来のために後継者育成の視点も含めた「存続や発展への志向性」も問われると石田准教授は考えている。

このように、地域密着型のスモールビジネスは、乗り越えるべき課題も多いが、地域経済の活性化、コミュニティーの強化、住民のウェルビーイング向上など、「多くの面において地域社会の持続可能な発展に不可欠な要素になる可能性を秘めている」(石田准教授)のだ。

誰もが起業家になれる時代

かつての日本では、大きな資本が必要なことから、起業という選択肢は一部の人間にしか与えられなかった。就職を目指すのが当たり前で、経営者になるとしても、親の事業を引き継いだケースなどに限られていた。

ところが、現代はテクノロジーや起業関連サービスの発達にともない、起業のハードルが大きく下がっている。「起業ブーム」に始まり、本業の会社に勤めながら収入アップを狙う「副業ブーム」や、誰もが手軽に始められる「プチ起業」まで、起業がより身近になったといえる。

実店舗が必要ないのであれば、オフィスはコワーキングスペースで十分だ。法人化するにしても、バーチャルオフィスの住所を登記すれば事足りる。経理や顧客管理など、事業運営に必要な部分はリーズナブルなＳａａＳ（Software as a Service の略で、インターネットを通じてソフトウェアを提供するサービス）を導入すればカバーできる。

実店舗が必要な場合も、オフィス家具や什器類はリサイクルショップで安く買える。さらにビジネスに関する知識やノウハウは、書籍や動画配信サービスで手に入る。さすがに製造業はかなりの初期投資が必要であるが、多くのビジネスは今や少額の予算で立ち上げが可能だ。顧客獲得についても、マッチングサービスはじめ、さまざまなプラットフォームが存在する。ウェブサイトも極めて低いコストで立ち上げられる。場合によっては、ＡＩにコーディングを任せてウェブサービスを立ち上げることだってできてしまう。

もちろん、参入障壁が下がった結果、競合が増えて価格の引き下げ圧力が高まっている業界もあるが、私たちは誰でも起業できてしまう時代に生きているのだ。

本書の執筆にあたり、いくつかのスモールビジネスの立ち上げをシミュレーションしたが、飲食店に小売店、クリエイティブ業、ＥＣ業などいずれの場合も、さまざまなサービスを利用することで、低コストかつ短期間に（成功確率はともかく）立ち上げ可能なことが分かった。

起業を考えるとき、まずはスモールビジネスを検討する人は多いだろう。スモールビジネスに注目が集まるようになった理由のひとつには、起業ハードルの低下という時代の後押しがあるのだ。

日本では貴重な「サードプレイス」

日本においてサードプレイスの重要性が叫ばれるようになって久しい。飲食業のスモールビジネスは、しばしばサードプレイスを提供する場となり、またそれを求めて人々が集まる。

社会学者のレイ・オルデンバーグは、著書『サードプレイス』（忠平美幸訳、みすず書房）でサードプレイスを以下のように説明している。

「家族と仕事の領域を超えた個々人の、定期的で自発的でインフォーマルな、お楽しみの集いのために場を提供する、さまざまな公共の場所の総称」

またオルデンバーグは、重要性や社会的認知という意味で、家庭（第１の場所）、労働環境（第２の場所）、サードプレイス（第３の場所）という序列になると指摘している。いっぽうで、サードプレイスはインフォーマルな公共生活の中核的環境であるとしつつ、オルデンバーグ自身が「とびきり居心地のよい場所」といい換えたくなるとも明かす。

インフォーマルな公共生活とは、具体的に何を指すのか。カフェ文化、パブリック・ライフ研究家の飯田美樹(いいだみき)氏は、著書『インフォーマル・パブリック・ライフ』(ミラック)で「肩書きや社会のコードからいったん離れ、リラックスし、自分らしくいられる場」「魔法のように人を惹きつけ、人を吸い寄せる力を持っている」と表現する。人は役割を演じる生き物である。家庭では家庭の、職場では職場の役割を演じる。比較的自分らしくいられる場として、インフォーマルな公共生活は欠かせない。こうした場を通じて、人は精神のバランスを保っているのだろう。

つまり、友人や知人と肩肘張らずに気軽に会い、楽しいひとときを過ごせる、家庭や職場以外の場所こそが、サードプレイスなのである。

「ストレス社会」で生きる私たちは、家庭と職場の往復だけではモチベーションが高まらない。こうした環境では、立場や肩書を超えリラックスして誰かと会える場はありがたいものである。

はじめてイギリスのロンドンを訪れた際、公園に十分な数の椅子やベンチが置かれているのに驚いた。なかにはビーチチェア風の椅子が置かれている公園まであった。当時はロンドンのベストシーズン、６月。澄んだ空気のなか、友人や家族と思い思いに過ごしている人々の姿が印象的だった。ヨーロッパの他の国やオーストラリアのシドニーでも同じような光景を目にした。

ところが日本には、ヨーロッパやオセアニアのように地元住民らが気軽に集まれる公共空間が少ない。特に都市部だと、歩き疲れたときにベンチを探すのさえ大変だ。そんな日本で、サードプレイスを提供する役割を担うのが、スモールビジネスとしての飲食店だ（もちろんイギリスにおけるパブもサードプレイスである）。「とびきり居心地のよい場所」と聞いて、休日や仕事帰りに訪れる大好きな飲食店を思い浮かべる人も多いであろう。

私もこれまでの人生で、こうした場に何度も助けられた。特に前職の新聞記者時代は、サードプレイスがなくてはならない存在であった。初任地の兵庫県・神戸（こうべ）では警察担当だった。他社に抜かれ（スクープされ）て落ち込むのは日常茶飯事。このまま自宅に帰って布団に入る気になれない。そんなとき、なじみの飲み屋やカフェへと向かった。店主に挨拶し、顔見知りの常連客らとたわいのない話に興じる。家に帰るころには不思議と頭が切り替わり、気力も回復している。

先行き不透明な社会・経済状況にあって、人々のストレス量は限界を超えている。新型コロナウイルス感染症によるパンデミックでリモートワークが普及したことを機に、人々の外出が減り、サードプレイスの文化が消滅の危機に瀕した。その影響は今も続いている。ストレス発散の方法が著しく減ると、世の中全体にイライラが蔓延してしまう。ネット上での誹謗中傷を目にする機会が増え、体感治安は悪化しているのではないか。

オルデンバーグはサードプレイスの序列を3番目としたが、現代社会においては、サードプレイスの重要性が高まっているように思えてならない。サードプレイスを創出するスモールビジネスは、現代の日本にとって欠かせない存在なのだ。

AIに代替されない仕事とは?

近年、「AIが雇用を奪う」というテーマで活発に議論が交わされている。AIの発達は、スモールビジネスにどのような影響をもたらすのだろうか。スモールビジネスもＡＩに代替されてしまうのだろうか。

テクノロジーが人間のスキルや賃金や雇用に与える影響を論じた『機械との競争』（エリック・ブリニョルフソン、アンドリュー・マカフィー著、村井章子訳、日経ＢＰ社）は、原著が２０１１年に出版された書籍だが、10年以上経過した今読んでも古さを感じさせない。

テクノロジーの発達によって消える仕事が存在するいっぽう、新しい仕事も次々と誕生している――。これはよく聞かれる主張だ。ところが同書は、テクノロジーの進化速度があまりにも速いため、企業も政府も政策も人々の考え方や価値観もついていけなくなっており、結果的にテクノロジーの発達は雇用を喪失させるのだと主張している。他方で、同書は「労働者がみな陳腐化するとは思っていない」とも述べ、「途方もなく強力で高度なデジタル技術の時代が到来しても、人間のある種のスキルはこれまで以上に価値が高まる」との見方も示している。

人間のスキルのうち、重要性が高まるものとして、同書はリーダーシップやチームづくり、創造性を挙げる。また、肉体労働の多くが「実際には知的能力をも必要とする」とした上で、この分野は人間が優位性を維持できると指摘する。

しかしながら2025年現在、創造性は生成AIに代替されつつある。肉体労働も、アマゾンの倉庫や飲食店の配膳ロボットを見れば分かるように、だんだんとテクノロジーが浸食している。

2022年11月にリリースされたオープンAIのチャットGPTは、ブレイクスルーを起こした。創造的な仕事を奪う可能性を私たちに突きつけたからだ。NHKのニュースサイト「NHK NEWS WEB」の特集記事「『AIで仕事失いました』あなたの働き方が変わる?」(2023年9月7日配信)に、AIの台頭によって仕事を失った人々が登場する。アメリカのイリノイ州シカゴで家族と暮らす34歳男性は、「家具などの商品に説明をつけるコピーライター」として働いていた。10社ほどと契約していたが、チャットGPTによってすべての契約を失った。その後、生活を支えるために、まったく異なる業界で職を探し始めたという。

エンターテインメント業界においても同様の動きが出ている。米コンサルティング

図3　AI時代のビジネス

人間がAIに対し優位性を保てる分野

共感を呼ぶ リアルなストーリー	対面での 心を通わせる コミュニケーション

会社のCVLエコノミクスが2024年1月に発表した、エンターテインメント業界のビジネスリーダー300人を対象とした調査レポートがある。調査に協力したビジネスリーダーの4分の3は、生成AIのツールやソフトウェアが、事業部門における仕事の廃止、削減、統合をサポートしたと回答した。また、ビジネスリーダーの90%は、生成AIがエンターテインメント業界でより大きな役割を果たすと予見しており、26%が「今後3年間でかなり大きな役割を果たす」と回答している。

この流れは止まらないのか。2023年にポルトガル・リスボンで開かれたテック系スタートアップのカンファレンス「ウェブサミット」で、『機械との競争』の共著者アンドリュー・マカフィー氏は、AIの民主化が新たなリスクや不確実性をもたらすことを認めるいっぽう、事前の規制によって技術革新を妨げるべきでなく、柔軟な対応が望ましいとの主張を展開した。私は現地でマカフィー氏のセッションを聴講したが、彼がテクノロジーの発達速度を遅らせることはもはや難しいと考えていることが見て取れた。

人間と同等もしくはそれ以上の能力を持ったＡＧＩ（汎用人工知能）が、そう遠くないうちに誕生するとみられる。将来的にはＡＧＩが進化した、人類の知能を遥かに超えるＡＳＩ（人工超知能）の誕生も予見されている。ＡＧＩの時点で、人間の仕事がＡＩに置き換えられる場面は激増するであろう。

しかし、スモールビジネスを考える上では、あまり悲観的になる必要はない。なぜなら、スモールビジネスは、ＡＩに代替されにくい要素を持っているからだ。

59ページの図3で示したように、人間がＡＩに対し優位性を保てる分野は、「対面での心を通わせる（人間らしい）コミュニケーション」や「共感を呼ぶリアルなストーリー」だ。これらは、将来テクノロジーに浸食される可能性が現時点でまだ低い。

私はこの2年ほど、海外カンファレンスでＡＩやＸＲ関連の展示を見て回った。その経験から、リアルな人間以外が接客しても、買い物本来の楽しみを見いだすことは難しいこと、また、ＡＩには人間が共感するようなリアルなストーリーの提示は難しいことを理解した。

人はコミュニケーションやストーリーを求める動物だ。ＡＩをはじめとするテクノロジーと比べて、先述の対面コミュニケーションとリアルなストーリーは、いずれもスモールビジネスの独壇場である。つまりスモールビジネスは、テクノロジーに破壊される可能性が低いビジネス形態なのだ。

スモールビジネスは分断を超える

テクノロジーの進歩にともない、時代が進むにつれてコミュニティーが小さく、深く、多くなっている。このことも、今スモールビジネスが求められている理由のひとつだ。63ページの図4は、私が考案したコミュニティーサイズの概念図である。

コミュニティーの大きさは、ひとつのビジネスで狙える市場サイズでもある。現在の市場サイズはスモールビジネスにぴったりだ。

もうひとつ指摘しておきたいのが、分断の時代におけるスモールビジネスの価値である。

かつては誰もが同じメディアに触れ、学校や職場では同じ話題で盛り上がった。ところが時代の移り変わりにともない、情報取得の経路（チャネル）が多様化していく。個人ブログが登場し、ＳＮＳが普及すると、さらにチャネルの数は増大した。誰もが情報を発信できるようになり、情報の流通量は急速に増えていった。そして、生成ＡＩの登場がこれに拍車をかけている。

ドイツのスタティスタ社によると、世界のデータ生成量は、２０２４年に１４９ゼタバイト、２０２８年には３９４ゼタバイトと予測されている。１ゼタバイトは１兆ギガバイトに相当する。まさに天文学的な量の情報が流通していることになる。

処理能力を超えた量の情報を受け取ることにより、ストレスを感じたり意思決定が困難になったりすることを、情報オーバーロードと呼ぶ。我々は情報の洪水のなかに生きており、もはや情報を処理することはできない。脳の機能不全が常に起きている状況である。情報過多の現代社会において、国民が共通の話題で盛り上がる場面は少なくなった。たとえ長い時間を共にする職場であったとしても、同様である。

チャネルの数と情報の流通量が増えるいっぽうで、コミュニティーの数も増えていった。同時に、「沼にハマる」という言葉が表すように、人々の興味関心のニッチ化、マニアック化（または深化）が進んだ。各コミュニティー間の交流の機会はなく、コミュニティー内でマニアックな議論が交わされている状況だ。

こうした変化は2つの現象を生んだ。ひとつは、アルゴリズムによって関心のある

図4　コミュニティーの大きさ・深さ・数の関係

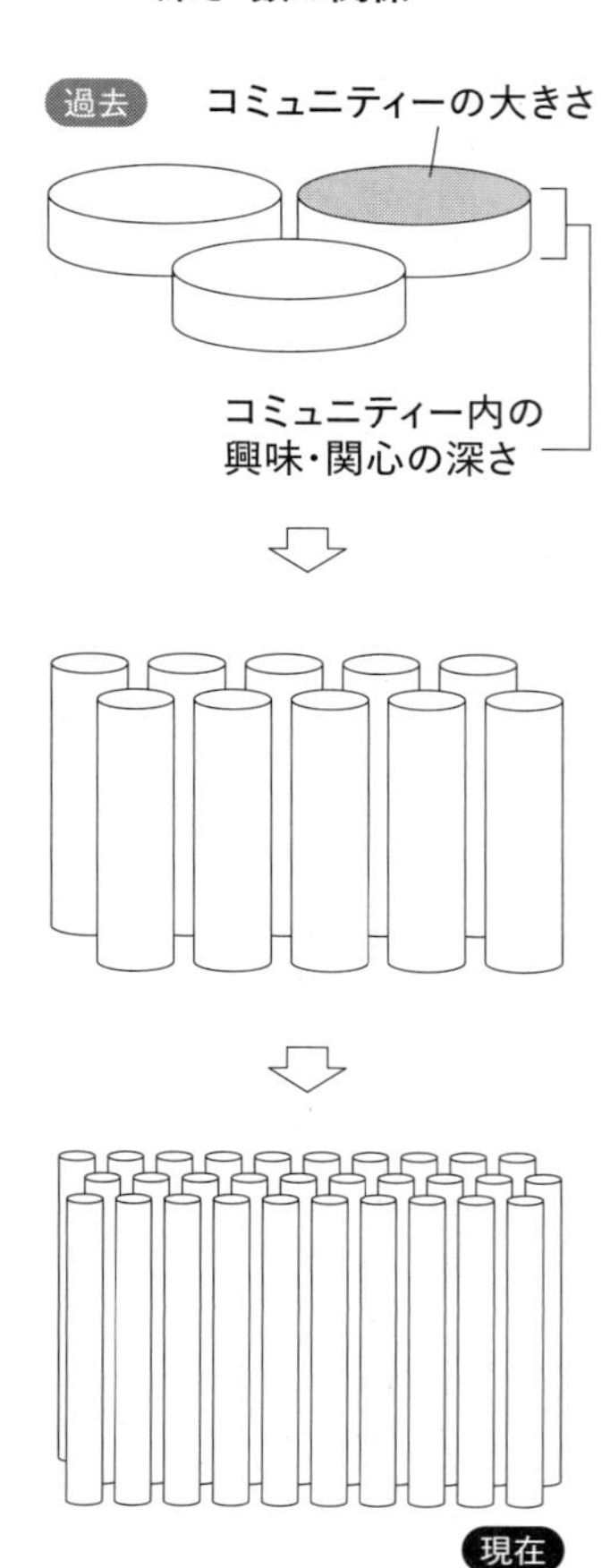

情報のみを受け取るようになる、フィルターバブル。もうひとつは、特定のグループ内で同じ意見が繰り返され、外部の異論が排除されることによって意見・思想が強化されるエコーチェンバー現象。

これらによって現代人は、「思いがけない意見・情報」と出合う機会が減り、誰もが自分と同じ考えを持っているかのような錯覚に陥りやすくなっている。自分と異なる意見は圧倒的少数派であり、「誤情報」なのだと信じ込んでしまう。これは、オンライン化のリスクのひとつである。

コロナ禍を経て人と直接触れあう機会が減った今、ごく小さなオンラインコミュニティーやバブルのなかにとどまることは、人生の楽しみや可能性を狭める意味で危険だ。直接さまざまなコミュニティーや属性の人と対話し、多様な意見に触れられるような「場」が求められる。

その意味で、地域に根ざしたスモールビジネスは貴重な場といえる。私がかつて訪れた立ち飲み店では、郵便局員や八百屋さんと隣り合わせた。業界特有の問題点について教えてもらい、新たな視点を得る貴重な機会となった。あるカフェでは、政治的な主張が壁に張り出されていた。やや表現が過激で、同意しかねる内容であったが、「こういう考えもあるんだな」との学びがあった。家と職場とオンラインを行き来するだけでは絶対に得られない経験である。

分断の時代、異なる意見を聞く機会が極端に少ない時代だからこそ、オンライン上にはない「偶然の出会い」をもたらすスモールビジネスの価値が相対的に高まっているのだ。

アート思考とスモールビジネス

地域に根付いたスモールビジネスを通じて、自分とは異なる意見に触れ、新しい視点を得ることには、どのようなメリットがあるのだろうか。

今は「ＶＵＣＡの時代」といわれる。ＶＵＣＡとは、「Volatility（変動性）」「Uncertainty（不確実性）」「Complexity（複雑性）」「Ambiguity（曖昧性）」の頭文字を取った用語で、変化が激しく、先行き不透明で、将来予測が困難な状況を意味する（67ページの図5）。

高度経済成長期から始まる、日本全体がひとつになり前に進んでいた時代には、先がある程度見通せていた。会社員として仕事をこなしていれば、昇給と昇進が約束され、安定が手に入ったのだ。

先が見通せているので、前例踏襲でも世の中は回った。ところが昭和が終わり、平成、そして令和に入ると、とたんに先が読めなくなった。人件費、家賃、原材料費が高騰し、いつＡＩにビジネスを破壊されるか分からない状況が続いている。

こうした状況下では安定を目指すこと自体がリスクとなる。先が読めないのだからそもそも安定を目指すことすら困難だ。私たちに必要なのは、変化に対応できる柔軟な思考を手に入れることである。そのためには固定観念を手放さねばならない。

そこで、特に現代のビジネスシーンにおいて注目されているのが、アート思考である。アートディレクターの吉井仁実氏は、『〈問い〉から始めるアート思考』（光文社新書）のなかで、アート思考とは、現代社会に対して「問い」を投げかけることであると指摘している。その上で、こうした「問い」が社会的かつ本質的なものであればあるほど、人々を驚かせたり、今まで感じたことのない感情を与えたり、今まで思考したことのないものを考えさせたり、感動させたり、新しい世界を見させたりできる

図5　先行き不透明な時代

Volatility 変動性	**U**ncertainty 不確実性
Complexity 複雑性	**A**mbiguity 曖昧性

＝VUCA

と、芸術家・岡本太郎やアーティストのバンクシーを引き合いに説明する。

さらに吉井氏は、印象派やシュルレアリスム、キュビズムなど、アーティストたちは時代や社会のなかで見たくても見えないものを描き出してきたと解説する。その上で、「アーティストは、不特定の鑑賞者に今まで感じたことがないものを感じさせたいと思っている」と指摘し、人間の感覚と意識を拡張したいがためにアーティストが「問い」を発しているとの考えを示す。

感覚と意識の拡張は、これまで感じられなかったものが感じられ、これまで見えなかったものが見える意味で、固定観念を手放すことにもつながる。スモールビジネスは、こうした役割を担う存在でもある。

雑貨のセレクトショップも独立系書店もアパレル店も、「店主のフィロソフィー（哲学）やスタイル」に沿って商品のラインアップが決まる。彼らは新しいものの見方を顧客に共有しているのである。私はこれまで、スモールビジネスを通してさまざまな新しい視点を手にしてきた。

２０１４年に訪問したアメリカのオレゴン州ポートランドでは、独立系カフェの開店時間の早さに驚いた。多くのカフェが早朝にオープンし、夕方前には閉店する（ちなみに２０２４年に訪れたニュージーランド・オークランドも同じで、なかには正午に閉店するカフェさえあった）。そのとき滞在した築１３０年を超える住宅のホストは、日曜の午前6時には家を出て、友人らと朝食を楽しみ、同9時には帰宅していた。

カフェでは、地元の若者たちが浅煎りの美味しいコーヒーを片手に真剣な表情でラップトップと向き合っていた。原稿を書いたりデザイン作業をしたりとそれぞれの仕事をこなして、さっさと帰宅する。今の日本ならばこうしたスタイルの人も一定数存在するが、夜討ち朝駆けが当たり前の新聞記者を辞めたばかりだった私は、「世の中にはこんなライフスタイルがあるのか」と素直に驚いた。そして、そうしたライフスタイルを規定、また提示しているのが、カフェだったのだ。

アートユニット「オレクトロニカ」が運営するギャラリー「傾く家」（大分県竹田市）は、客に変化をもたらす不思議な場であった。店名の由来は「建物が本当にすこし傾いているから」（オレクトロニカ児玉順平氏）。古民家を改装した店舗内には、オレクトロニカのアート作品やオレクトロニカとつながりのあるつくり手の作品、古道具、家具などが陳列してある。

店に足を踏み入れた瞬間、一気に「傾く家」の世界観に体と精神が溶け込んでいく。土器やガラス製品、古びたキャビネット、そしてオレクトロニカの代名詞である小さな木の彫刻。商品間に相関がないにもかかわらず、脳が勝手にストーリーを紡ぎ出す。オレクトロニカの児玉氏と加藤亮氏が「美しいと感じたものやおもしろいと感じたものを素直な目で」（児玉氏）仕入れており、結果的に全体の調和が生まれている。訪れた人は「その人なりの新しい価値観」（同前）を手にする。

現在「傾く家」は同市内の別の物件に移転し、「不図」と名を変えて営業を続けている。コンクリート造りの建物だが、不思議と空間から受ける印象は「傾く家」と変わらない。児玉氏は「不図は『はからず』とも読める。これからも計算しすぎずに、来てくれた人たちが新たな価値観を手にするような、そんなギャラリー運営を続けていきたい」と前を見据える。

インドネシアのジャワ島西部のバンドンは、クリエイティブな都市として知られる。首都ジャカルタからのアクセスがよいこともあり、週末には大勢の若者や家族連れが訪れる。

私は仕事の関係でバンドンを何度も訪問しているが、興味深いスモールビジネスが多く、毎回、固定観念が破壊される。スペシャルティコーヒーの焙煎所「ウィールズ・コーヒー・ロースターズ」も、新たな視点を提示してくれる店だ。ローカルの友人に教えてもらい、2019年に訪問した。バリ島などインドネシア産を含む10種類以上の豆を扱っており、スタッフが農園や精製方法、味など詳しい情報をアドバイスしてくれる。スタッフから聞いた豆のストーリーと共にコーヒーを口にすると、五感が刺激された。2025年時点で、こうした焙煎所は日本でもよく目にするようになったが、「ウィールズ・コーヒー・ロースターズ」のウェブサイトによると、立ち上げは2017年とのこと。当時の私にとっては、コーヒーが単なる眠気覚ましではなく、ワインのような高級嗜好品としてのポテンシャルを持つことを学んだ貴重な経験となった。

2023年12月、久しぶりにバンドンを訪問した。友人が「ぜひ体験してほしい」と連れて行ってくれたのは、自然のなかにある広大な庭を有したカフェだった。もともとバンドンではカフェにテラス席を設けるのが当たり前だったが、最近は店の全座席もしくは大半がオープンエアーのカフェが増えているという。日本人学校が立地するエリアにもいくつか同様のカフェがあり、まるで森や公園の風情だ。地元の若者たちは、ロングブラックやアイスラテを片手におしゃべりを楽しんでいた。

バンドンではもうひとつ、アルチザンティーの浸透にも驚かされた。アルチザン(artisan)とは職人や匠という意味の言葉で、アルチザンティーは職人らの手によって丁寧に生産・収穫・加工されたグレードの高い茶葉を意味する。友人いわく「ごく最近アルチザンティーを出す店が増えてきた」といい、コールドブリュー（水出し）

で出すのが最近のトレンドなのだという。

　紅茶だけでなく、中国茶や煎茶、フレーバーティーなど、メニューはバラエティーに富む。あるカフェでは、直径20センチほどの瓶に入ったコールドブリューのお茶を、お猪口（ちょこ）をすこし大きくしたような焼き物の器で飲むスタイルで、この器6杯分ほど入って日本円で350円だった。私はバニラの香りの紅茶を注文したが、アートが飾られた落ち着いた空間ですこしずつ味わう紅茶は格別で、ここでも常識が壊された。

　このように、先入観や既成概念を手放す体験を、スモールビジネスは提供してくれる。先述のように、現代人はフィルターバブルのなかで暮らしている。スモールビジネスは新たな価値観を提示し、固定観念を壊してくれる貴重な場なのだ。

Z世代が求める「リアルなコミュニケーション」

　マーケティング業界やブランディング業界では、Z世代およびα世代といった若い世代をいかにして顧客化するか、という議論が長く続いている。実はこうしたデジタルネイティブ世代は、スモールビジネスが得意とする「リアルなコミュニケーション」を求めている。

若い世代は今や、ＳＮＳやソーシャルゲームの業界に限らず、ラグジュアリー業界においても重要な顧客層として位置付けられている。ベイン・アンド・カンパニーとイタリアのラグジュアリーメーカーの業界団体「アルタガンマ財団」が毎年発表している「グローバルラグジュアリー市場レポート」の予測によると、２０３０年までに、ラグジュアリー市場の購入額の25～30％をＺ世代が占めるようになる。

投資や起業などによって若者が大金を手にすることは今や珍しくない。Ｚ世代の購買力はこれまでになく高まっており、ラグジュアリー業界としても、Ｚ世代の顧客理解およびＺ世代をターゲットとした新たな戦略が求められている。

２０２４年10月にオーストラリアのシドニーで開かれた、テクノロジー、音楽、映画、ゲームなどの複合イベント「ＳＸＳＷ（サウス・バイ・サウスウエスト）シドニー」において、フューチャーラボラトリーの共同創業者クリス・サンダーソン氏がラグジュアリー産業の未来についてプレゼンテーションした。

サンダーソン氏は、若い世代が「伝統や熟練の技術」に夢中になっており、結果ラグジュアリーの基準をも変えたと説明する。彼らは「あからさまな富の誇示」よりも、「さりげないステータスシンボル」を選ぶ。また、物質的なものに執着していた世代とは異なり、伝統的な贅沢さ、つまり自己の幸福という考え方を大切にする。そして、ラグジュアリーブランドに対し、知識、関与、独自性、希少性、魅力、感情的なつながりを求める傾向が強く、長期的な視点で物事を見ているという。

これは、オンラインの世界に疲れた若者が増えていることの裏返しでもある。実際、SNSにストレスを感じる若者が増えているとの調査結果がある。

野村総合研究所が2021年12月に実施した「生活者年末ネット調査」によると、5年前と比較して、SNSによる情報収集が増加。また、10代・20代の検索エンジンを使用した情報収集活動が大きく減少しており、特に若い世代で情報収集の手段が検索エンジンからSNSへと移行していることが見て取れる。

他方、同調査によるとZ世代全体の50%、Z世代女性に限っては61%が「SNS疲れ」を起こしている。理由として、特にZ世代女性において「友だちやフォロワーの投稿を見て自分と比べてしまう」「自分が投稿した内容に『いいね』や共感コメントが得られるか不安になる」などの回答が目立つ。身近な存在であるＳＮＳによってストレスを感じているＺ世代は思いのほか多いのだ。

最近ではＳＮＳでの誹謗中傷も問題化している。こうした事態を受け、オーストラリア議会は２０２４年11月、16歳未満のＳＮＳ利用を禁止する法案を可決した。アメリカのフロリダ州も14歳未満によるＳＮＳアカウント開設を禁止するなど、世界各地で若年層のＳＮＳ利用を規制、または規制に向けた議論を進める動きが出ている。

嘘か本当かの見極めが困難な世界で、中毒性のあるＳＮＳは、Ｚ世代でなくとも疲れてしまうだろう。私も一定の距離を置いている。「知識、関与、独自性、希少性、魅力、感情的なつながり、長期的な視点」を求めるＺ世代の価値観は、ＳＮＳ疲れの反動のように思われる。

Ｚ世代のこうした価値観は、いずれもスモールビジネスが得意とする「リアルなコミュニケーション」で満たせるものだ。大量生産・大量消費とは対極にある概念であり、購買力を高めている若い世代がこれらを支持・評価している点で、スモールビジネスの需要が高まっているといえよう。

第3章

成功に導く10の基本戦略

お店はいつから「老舗」か？

〝FA（エフエー）店〟という概念がある。開業して10年以上25年未満の、代替わりしていない小規模店を意味する。考案したのは、岩手県盛岡（もりおか）市の家具店「Holz（ホルツ）」の平山（ひらやま）貴士（たかし）氏だ。ホルツが15周年を迎えたころ、はじめて来店した客とのやりとりをきっかけに思いついた。

来店客「ここのお店っていつからあるんですか？」
平山氏「15年前です」
来店客「あっ、そんな前からあるんですか。むしろ老舗（しにせ）ですね。知らなくてすいません」
平山氏「いえいえ、うちは小さくやってるんで全然いいんですよ」

このとき、「はたしてホルツは老舗なのか」という疑問が平山氏の頭に浮かんだ。老舗といわれると違和感がある。かといって新しくもない。考えてみると盛岡には、

10年以上続いていながら、代替わりをしていない店が数多くある。老舗特集にも新店特集にも載らないけれども、きっと誰かの目的地になっている。こうした店を客にもメディアにも再発見してもらい、店の継続を後押しできないかとの想いが芽生えた。

そうして生まれたのがFA店だった。由来は「古すぎず（F）新しくもない（A）」から。平山氏は「10年の月日があれば、街に対しての『店の継続の意思表示』として認知される。また、街の風景のひとつとしても成立する」と述べ、10年続けることで店が地域に根ざした存在となることを指摘する。

平山氏が考案したFA店のコンセプトに共感し、ウェブメディア「盛岡という星で」において該当する店の取材を続けているのが、岩手県在住のライター・菅原茉莉（すがわらまり）氏だ。取材では、店のコンセプトだけでなく、店主が店を始める前の話についても掘り下げている。「若い人たちがさまざまな生き方・働き方・暮らし方を知るきっかけを提供したい」と意気込みを語る。菅原氏は、長く続く店が、結果的に人口流出や中心市街地空洞化といった課題解決に貢献していると取材を通して感じている。また、長続きする店に必要なのは、「変わらないこと、そして変わり続けること」だと振り返る。

先述の通り、スモールビジネスを長続きさせることは簡単ではない。スモールビジネスが持続可能性を保ち、地域や顧客と共に生き続けるためには、何を大切にすべきか。それを考える上で、ＦＡ店というコンセプトには大きなヒントがあるだろう。

スモールビジネスを持続させる10のポイント

スモールビジネスの経営を学べるスクールのひとつに、「スモールビジネスキャンパス」がある。これまでに１４０を超える企業や経営者が受講した。

スモールビジネスキャンパスがスタートしたのは２０１９年のこと。スモールビジネスの廃業率の高さを何とかできないかと考えた佐々木美香(ささきみか)氏が、継続経営ができる企業・個人事業主を増やすことを通して、10年以内の廃業率を減らそうと立ち上げた。

佐々木氏自身も、スモールビジネスを立ち上げた経験がある。小さなウェブ制作会社、そしてネイルサロンだ。いずれも長く続けたあと、タイ・バンコクに移住するタイミングで会社を当時の社員に売却した。

「スモールビジネスを立ち上げようとする人は、何らかの技術を持った『技術者』が多い。でも、それだけでは経営はうまくいかない」。こう考えた佐々木氏は、起業家精神を養う機会、経営のイロハを学ぶ機会を提供すること、つまりはスクールの立ち上げを思いついた。

（１）自分を知ること、（２）国・企業の仕組みを理解して活用すること、（３）「直接営業が基本」という販促の原理原則を理解して逃げずに実践すること。佐々木氏は自身の起業経験から、この３つがスモールビジネスを続ける上で重要であるとアドバイスする。

「スモールビジネスの経営はどれだけ人と会っているかで決まる。体力的にも大変だし、お金や人間関係のストレスもある。それでも、自分で道を決められる人生は、人間にとって一番幸せなこと。これに感謝しながら心折れずに経営すれば、スモールビジネスは長続きする」。幸せを噛み締めながら、日々感謝する。これこそがスモールビジネスを長続きさせる秘訣であると佐々木氏は考えている。

スモールビジネスを長続きさせることは非常に難しい。店が入居するビルが取り壊される、後継者がいないといった理由で、やむなくビジネスをたたむケースもあるだろう。しかし、大半のケースが、経営が立ち行かなくなっての閉業だ。

財務や採用マネジメント、マーケティングなど、経営にはさまざまなスキルが求められる。スモールビジネスは総合格闘技なのだ。いっぽうで、そうした経営テクニック以外にも、スモールビジネスを持続させる上で重要な点がある。先述の「変わらないこと、そして変わり続けること」「自ら道を選択できることに幸せを感じ、感謝すること」はその一例である。

私が長年国内外のスモールビジネス事例を取材し、研究を続けるなかで、長続きするスモールビジネスの共通項が見えてきた。彼らは基本的な経営テクニックは押さえつつも、それ以外の部分での努力を怠(おこた)らない。

図6のチェックリストは、時代に左右されることなく長続きするスモールビジネスの条件をまとめたものだ。1項目1点として、該当する項目が7つ以上（7点以上）なら長続きする可能性が高い。ただし、＊マークのついた⑥⑦は必須項目である。合計得点が7点未満、または⑥⑦を満たしていない場合、3年以内の廃業確率が高まる。

図6　スモールビジネスの持続可能性チェックリスト

① 顧客のライフスタイルに溶け込んでいる	
② 小さく始め、拡大を追いかけていない	
③ 店主のキャラクターを前面に押し出している	
④ 良質なコミュニケーションを心がけている	
⑤ パーパスを常に感じている	
⑥ こだわり抜いた商品・サービスを提供している*	
⑦ 確固たるコンセプトを持っている*	
⑧ 業界においてリーダーシップを発揮している	
⑨ 戦略的な立地選定ができている	
⑩ ビッグテック経済圏に依存していない	
合計点数	

しかし、該当項目が少なかった方も安心してほしい。本章で説明するスモールビジネスを長続きさせる秘訣を意識して、自身のビジネスを見直してもらえれば、今からでも間に合う。これらの項目を満たすことで、ビジネスの持続可能性は手に入る。

もちろん、どのようなビジネスも外的要因に左右されるものであり、先のコロナ禍のように、予測できない事態がビジネスに影響を与える可能性は今後もあるだろう。本チェックリストは、あくまで内的要因に焦点を当てたものであり、外的環境の変化によるリスクは考慮していないことをご了承いただきたい。

ここからは、それぞれの項目について実例を見ていこう。

①ライフスタイルに溶け込む

カフェは生活の一部——ポルトガルの老舗に学ぶ

行きつけの床屋の店主が、カットの途中でふと尋ねてきた。「これから小さな店が生き残るためには、何が必要なのでしょうね」。

その床屋は、なかなか予約が取れないほど多くの常連客を抱えており、経営的に問題はなさそうである。質問の真意をはかりかねたが、しばらく会話を続けてみると、どうやら自店というよりも、知人友人の店を含めたスモールビジネス全体のことを本気で心配しているらしいことが分かってきた。

こちらも真剣に答えねばならない。髪を切ってもらいながら考えた。脳裏に浮かんだのは、２０２２年６月に滞在したポルトガル第２の都市、ポルトの光景であった。

平日の昼下がり。カメラ片手にぶらぶらしていると、老舗感のあるカフェを見つけた。外からも見えるガラスケースには、ポルトガル菓子がぎっしりと並んでいる。その年のヨーロッパはとにかく暑く、すこし歩くだけで疲れてしまう。小休止しようと、店に入った。

一息ついて、苦いエスプレッソをちびちび飲みながら、周囲を見渡した。短髪の男性スタッフが、カウンターのなかとテーブルを忙しなく行き来している。いっぽう、家族連れや高齢者らは、ゆっくりとエスプレッソを楽しんでいる。「ああ、こういう店はなくならないだろうな」と思った。

ポルトガル人は、日に何度もカフェに行く。さっとエスプレッソを飲んで出ていく人もいれば、家族や友人らとおしゃべりに興じる人もいる。いずれにしても、生活のなかにカフェがある。

マーケティングを考える上で不可欠なのが、「ペルソナ」と呼ばれる、ターゲットとなる顧客の架空の人物像だ。スモールビジネスも例外ではなく、商品やサービスごとにペルソナを定め、ニーズを満たすことが求められる。

ポルトガルのカフェは、地元の人々のライフスタイルに深く食い込んでいる。ポルトガル名物パステル・デ・ナタ（エッグタルト）をはじめ、どのメニューもボリュームがあって、安い。どの時間帯に訪れても、店内にはゆったりとした時間が流れている。利用者のニーズをしっかり満たしているわけだ。

ポルトのカフェは、スタッフの愛想がよいわけでもないし、手を上げてもなかなか気づいてもらえないこともある。しかし、サービスは関係ない。むしろほったらかしが、心地よい。過剰なサービスであれば、敷居が高くなる。また、どのカフェも気軽に利用できる価格帯であり、ＬＴＶ（Life Time Value＝顧客生涯価値）を考慮すると、持続可能なビジネスモデルといえる。つまり、１回あたりの客単価は高くなくても、同じ客が長期間にわたって何度も利用するため、顧客ひとりからもたらされる利益は大きくなり、経営が成り立つのである。

居心地のよさは、武器になる。もし、ポルトに住むようなことがあれば、このカフェは私のライフスタイルに深く食い込むことであろう。

「顧客のニーズを確実に捉えることでしょうね。たとえば私は床屋に居心地のよさを求めていて、ここにはそれがある。ニーズを捉え続けることで、いつしかお店が顧客のライフスタイルに組み込まれ、結果的に持続可能なビジネスが実現するのだと思います」。冒頭の「小さな店が生き残るために必要なこととは」という質問に対し、私はポルトガルでの光景を思い起こしながら答えた。

「なるほど。いいことというなぁ」。店主が噛み締めるようにつぶやいた。それを聞いて、「やっぱりここは居心地がいいなぁ」と思った。これからも、私のライフスタイルから、この床屋がなくなることはないだろう。

古来、顧客のライフスタイルに溶け込んだビジネスこそがスモールビジネスの主流であった。ライフスタイルに入り込んだスモールビジネスは強い。毎日、毎月、毎年、毎世代でもいい。来店や購入が一度生活に組み込まれると、そうそう離脱することはない。一定の常連を獲得したあとは、販促のための労力を抑えられる。安定収入が見込め、ビジネスが長続きする。

しかしながら、当然こうしたビジネスは歴史があるだけにレッドオーシャンでもあるため、他との違いを出す必要がある。後述する店主のキャラクターや良質なコミュニケーション、商品の質、コンセプトなどで勝負していくことが求められるのだ。とはいえライフスタイルに溶け込むことこそがスモールビジネスの本質である。両者は切っても切れない関係にあることだけは覚えておこう。

②小さく始め、拡大を追わない

むやみな拡大路線の末路

スモールビジネスを始める際、規模の拡大やお金もうけ自体が目的となっているケースは多い。しかし、これらはあくまで何かを達成するための手段であり、目的とするのは危険だ。

「伝説の店」「カルト的人気を誇る店」と呼ばれる店が、店舗数を増やした結果、または多額の設備投資をしたり販路拡大を目指したりした結果、ブランドの評判が落ちてしまう——。けっして珍しい事象ではない。私が知り得る範囲でも、人気飲食店が複数店舗を展開した結果、客離れが起きたりクレームが頻発したりしたケースはいくつもある。

まずは小さく始めよう。それが、人口減少かつＶＵＣＡの時代における起業の鉄則だ。たとえば、フリーマーケットに出店してみる、間借りで営業してみる、作り込んだウェブサイトではなく、まずＬＰ（ランディングページ）を公開してみるなど、方法はいくらでもある。

原材料費が急速に上昇している。場所によっては家賃が極端に高くなっている。人件費も上がり、かつ人を採用するのも容易ではない。さらには、金利がある世界が戻ってきた。いきなり多額の融資を受けてまで実店舗をオープンするのは、あまりにもリスクが大きい。数年前とは違う世界に私たちは生きていることを意識せねばならない。もう、ビジネスのルールが変わったのだ。

実際、コストをかけて実店舗をオープンしてみたものの、売り上げが伸び悩み、３年持たずに店を閉めたケースをよく耳にする。とにかくリスクを抑えてスモールビジネスを始めるべき時代においては、初期投資を極端に抑えた状態で始めてみて、需要が確認できてはじめて本格的に取り組む形が理想だと私は考える。

地域に愛されている飲み屋があった。店主とのコミュニケーションや従業員の気持ちのよい接客が支持を集め、連日常連客を中心に賑わった。店主はその後、拡大路線へと舵(かじ)を切り、現場を離れて「会社の経営者」を目指した。同業態の店を短期間に次々と出店した。

しかし、5店舗目を出したあたりから雲行きがあやしくなってくる。店舗管理や従業員教育がうまくいかなくなったためだ。それはサービスの低下を招き、接客に対するクレームが相次いだ。業績が悪化し、赤字へ転落してしまったことで、経営者は極度のストレスを感じるようになった。何のために商売を始めたのか分からなくなった。

スタート地点に立ち返ったとき、「サービスで顧客を笑顔にしたい」という想いがよみがえった。これをきっかけに、いくつかの店を閉める決断をした。経営資源を集中させ、「客を笑顔にするサービス」に徹した結果、業績は好転し、取材時点では単月で黒字にまで回復した。

いっぽう、別の飲食店グループは異なる道をたどっている。拡大路線をひた走り、その地域の居酒屋としては一番の店舗数を誇るようになった。ところが、従業員教育が追いつかない。現在、地元の人々からは厳しい評価を受けている。

ビジネスを本格的にスタートさせたあと、うまく軌道に乗ったとしよう。そこから拡大を目指すか否かという問いは、スモールビジネスの永遠のテーマでもある。一度、立ち止まってよく考えてみよう。そもそも規模の拡大を目指す必要があるのだろうか。私たちは「規模拡大せねばならない」という思い込みに支配されていないだろうか。

規模拡大を目指さずとも、質にフォーカスすることで収益率を高めることは可能だ。甲斐かおり著『ほどよい量をつくる』（インプレス）は、「必要なものを必要なだけ、やり甲斐をともなう仕事として世に送り、買い手に届ける」ビジネスの事例を多数紹介した良書だ。本書では、経営的に厳しい状況に追い込まれた縫製会社が、高級婦人服の路線に転向した事例が登場する。この会社では、量ではなく質を目指した結果、「低単価量産型」から「高単価少量生産」への転換に成功した。著者の甲斐氏は、この縫製会社が代えの利かない存在となった点こそが、成功の本質であると強調している。

経営者のエゴは手放そう

ポール・ジャルヴィス著、山田文訳『ステイ・スモール』（ポプラ社）は、規模の拡大を目指さない経営方針のメリットを紹介した本だ。売り上げ目標の上限を定めるなど、実用的なアドバイスに満ちており、スモールビジネスの経営者必読の書である。

ジャルヴィス氏によると、企業が規模を拡大させる理由として、「インフレ」「投資家（からのプレッシャー）」「顧客離れ」「エゴ」の4つが挙げられるという。

当然、インフレにはどんな企業、ビジネスであっても対応していかねばならない。インフレ率に沿って、値上げしたり売り上げ目標を高めたりする必要はある。投資家からのプレッシャーについては、そもそも出資を受けない規模のビジネスであればクリアできる。顧客離れについては、新規顧客の獲得は、既存顧客の維持の5倍コストがかかるといわれており、工数もかさむ。その結果として、組織の規模拡大を目指さざるを得なくなるが、それよりも顧客離れを招いた原因を突き止めてそれに対処することが先であろう。

実は、最後の「エゴ」こそが、規模拡大を目指す理由の最たるものである。ジャルヴィス氏は、影響力と尊敬が得られるため、大きな会社をつくることが目標にされると指摘する。しかし、大きな組織を目標にする人の多くが、私生活に与える影響や、自分がやりたい仕事ができなくなる可能性を考慮していないと苦言を呈す。

「ビジネスを立ち上げた以上、大きくしなければならない」「会社を大きくして自分の社会的地位を高めたい」「最終的に莫大な資産を築きたい」。これらはいずれも経営者のエゴである。なぜ規模を拡大しなければならないのか、その理由を問う必要がある。

もちろん、ビジネスを通して世の中を変えたいという想いがあり、そのためにある程度の規模が必要だというのであれば、規模拡大を目指すべきだ。ポイント⑤で後述するように、ビジネスはパーパスから始めるべきであり、パーパスを感じながら意思決定し続け、結果的に規模が大きくなることは美しい流れといえる。

しかし、スモールビジネスを拡大させていく過程では、大きなリスクもある。コロナ禍では、人と対面する実店舗型のスモールビジネスが大打撃を受けた。私がよく知る整体院も、客足が遠のいた。腕がいいと評判で、数年前には他店舗展開のチャンスもあった。しかしながら院長は拡大路線を選ばなかった。「気心の知れたスタッフらと共に、顧客としっかり向き合っていきたい」との想いからだ。結果、なんとかコロナ禍を乗り切った。院長は振り返る。「拠点を増やそうかなと考えたときもあった。でも、もしそうしていたら今回確実に潰れていたね。小さいままでよかったよ」。

エゴを手放して規模の拡大自体を目的化しないことで、スモールビジネスの持続可能性が高まるのである。

③店主のキャラクターを前面に押し出す

強い個性が人を惹きつける

２００７年夏、私はインド・コルカタにある日本人バックパッカー御用達の安宿に滞在していた。宿の前の通りには、「サトシ」と名乗るインド人が連日立っていた。サトシは荷車にストールや絵葉書などを並べ、日本人バックパッカー相手に商売をしていた。

当時バックパックを背負って旅をしていると、こうした商いを営むインド人を度々目にした。しかし、サトシは他のインド人とはひと味違った。極めて流暢な関西弁を操ったのである。

「どこ行ってきたん？」

「これほんまに買うたほうがええで」

私が宿から出かけるとき、また戻るとき、サトシはいつも話しかけてきた。異国の地で突然流暢な関西弁を耳にすると、ついつい心を許してしまう。しかも、サトシは不思議と価格を吹っかけてくることがなかった（と思う）。日本人バックパッカーらは滞在最終日、サトシからお土産を買ってコルカタを後にした。サトシはバックパッカーのあいだで半ば伝説化しており、私が社会人になってから、コルカタ滞在経験のある元バックパッカーと話をすると、必ずといっていいほどサトシのことをよく知っていた。

余談だが、本書の執筆にあたりインターネットで検索してみたところ、サトシが共同通信のユーチューブ動画に出ているのを発見した（2024年11月21日配信、共同通信 KYODO NEWS「インドの安宿街に響く関西弁 コルカタのガイド、サトシさん」）。動画では、日本人バックパッカーの心の美しさに感銘を受けて日本語を学び始めたこと、当初は日本語ができるインド人に標準語を学んだものの、他のガイドと違いを出すために関西弁に舵を切ったことなどが説明されていた。

サトシ自身がブランディングのために関西弁を選択したことに驚かされる。サトシの場合、キャラクターが店のブランド価値を高めたわけだ。

2023年6月、ラオスの首都ビエンチャンに滞在したときのことだ。投宿したあと、夕食を取ろうと外を歩いていたら、雰囲気のよさそうなフランス料理店を見つけた。メニュー表に表示されたディナーコースの価格は、2000円以下。迷わず入店すると、立派な白ひげを蓄え、長い白髪を後ろでたばねた、オーバーサイズのTシャツ姿の大柄な男性がのっしのっしと奥から歩いてきた。

男性はメニューを手際よく説明したあとで、「どこから来たんだ」と私に尋ねた。「日本だよ」と答えると、満足そうに笑顔でうなずいて、再びのっしのっしと奥へと歩いて行った。戻ってきた男性は、日本語で書かれた記事のコピーを手にしていた。驚いたことに、フランス・パリで長くシェフとして働いていた男性は、フレンチの巨匠として知られるジョエル・ロブションから信頼を獲得し、「右腕」として働いていたという。現在はこのフランス料理店で料理長を務めているらしい。あまりにラフな格好だったので、そんなバックグラウンドを持つ人物だとは想像だにしなかった。

記事を読みながら思わず「えっ」と声を漏らした私の姿を、料理長はニコニコしながら眺めていた。さすがロブションの右腕、ラオスの食材を使っているというスープも肉料理も完璧だった。食材を集めるのも大変だろうに、その苦労を見せない姿勢に感銘を受けた。

そういえば私が待っているあいだ、料理長はすべてのテーブルを回り、客とコミュニケーションを取っていた。味も雰囲気も最高だが、何より彼の人柄こそが店最大の魅力であると感じた。

ブランディング業界の権威、デービッド・アーカー氏は著書『ブランド論』（阿久津聡訳、ダイヤモンド社）で以下のように書いている。「ブランドとは長い旅路のようなものである。顧客がそのブランドに触れるたびに生まれる感触や体験をもとにして、次々に積み重なり変化していく顧客との関係なのだ」。私が思うに、スモールビジネスのブランドとは、店主そのものとイコールである。「顧客がそのブランドに触れるたびに生まれる感触や体験」とは、店主とのコミュニケーションによって生まれるものである。「店主の魅力的な人柄」と接する回数を重ねる度に、客から見た店のブランド力が高まっていく。

以前、あるスモールビジネスオーナーと雑談している際、「日本の飲食店の料理はどこもレベルが高い」と話していた。そのオーナーは「じゃあ何を基準に俺たちが店を選んでいるか。それは店主がつくり出す雰囲気が自分と合っているかどうかだけなんだよ」と続け、店主の人柄が店のもっとも重要なポイントであるとした。

別の飲食店店主は、「俺たちが店に行くとき、『どこの店に行こう』ではなく『誰（ここでは店主を指す）に会いに行こう』という会話になる」と私に説明した。

スモールビジネスでは、究極は店主の人柄が持続可能性を左右するのである。

自分が「看板」になる覚悟

店舗経営にしてもコンサルタント業にしても、「名前と顔を出すのに抵抗がある」「私は縁の下の力持ちを目指します」などと口にする経営者は思いのほか多い。

声を大にしていいたいが、スモールビジネスは自分が看板である。抵抗があろうがなかろうが、自分という看板で食べていくしかない。抵抗があるのは最初だけだ。腹をくくるべきである。

私の知人に、いわゆる零細企業の社長を務める人物がいる。その会社は組織開発や新規事業開発の支援で、非常にユニークなサービスを提供していた。ところが、安定した受注にはつながっていなかった。ある程度の商品力はある。改善すべき点があるとすれば、経営者自身が前に出ていないことであった。

本人も薄々問題点を理解していた。最終的に本人は決心し、コーポレートサイトやSNSに、自らのプロフィール写真と代表メッセージを載せた。社長本人が積極的に直接営業し、社員の力を借りながらさまざまな社長名のコンテンツを制作し、講演活動にも挑戦した。すると、わずか半年で売り上げは伸び、業績は安定した。「腹を決めてよかったです。まさかこんなにすぐ結果が出るなんて」。久しぶりに再会したとき、社長は笑顔で語ってくれた。

すべてを従業員任せにしてはいけない。大企業であれば、誰がやっても同じような結果を出す必要があり、そのための仕組み化が重要となる。しかし、スモールビジネスの場合はトップ自らが前に出て営業し、自分の顔と名前とキャラクターで勝負せねばならない。街で、院長の写真が大きく出ている歯科医院の巨大看板を目にしたことがある人は多いだろう。「景観を損ねる」との批判もあろうが、覚悟の表れであり、スモールビジネスの勝ち筋といえる。私が知る古書店やアパレル店、老舗中華料理店、ラーメン店、ケーキ店など、長く続いているスモールビジネスは、もれなく店主のキャラクターを前面に出している。キャラクターといっても、何も自分を着飾る必要などない。ありのままの自分を出せばよい。それがキャラクター本来の意味であるし、客も自然体の店主を求めているのだ。

以前、盛岡市にある立ち飲み形式のカフェバーに立ち寄った。日中はパン屋で、夜はワインとそれに合うパンを出すユニークな店だ。私はベーコンエピとキノコグラタンパンを注文。オーブンで温めた上で食べやすくひと口サイズにカットしてくれた。マスターは気さくな方で、話がおもしろい。隣の常連客に「素敵なお店ですね」と話しかけると、「マスターがいいんだよね。彼がビールと餃子を出す店をやっていたとしても、僕は通う」と口にした。

私はその翌日、カフェバーの近くにある台湾料理店へ行った。ママさんは台湾が大好きで、常に新しいメニューを開発しているという。料理の味はどれも絶品。特に花椒（ホアジャオ）が効いた麺料理はクセになる味わいで、今でも時々食べたくなる。隣に座った常連客と雑談していたら、ママさんとは店を始める前からの知り合いだったという。ママさんはとにかく一生懸命で、かわいらしい。「なんか応援したくなるんだよね」と常連客は話していた。

この2事例は、店のコンセプトもユニークですばらしいが、それ以上に店主のキャラクターが魅力的だ。いずれも店ではなく店主に客がついている好例である。客は、店主を求めて来店するのだ。これはBtoCビジネスであろうとBtoBビジネスであろうと同じである。

ただ、店主のキャラクターを前面に押し出さなくともよい例外がある。極めて需要の大きい商品やサービスを提供している場合である。私がかつて訪れたテイクアウト専門のクレープ店は、芳醇なバターの香りのするクレープ生地と、まろやかな生クリームのコンビネーションが絶妙で、感動的な味であった。現在に至るまで、これを超えるクレープには出合っていない。

店舗は不思議な構造をしていた。パチンコ店の景品交換所または海外の両替所のように、お金と商品をやりとりする小さな窓がある。しかし、店主の顔を確認することはできず、店主とコミュニケーションを取ることも不可能であったが、長い待ち時間が出る人気店だった。

世の中には数年待ちのレストランや十数年待ちのパンなど、極めて高い商品力によって集客に成功している店もある。設備投資すれば増産できる可能性はある。それでも、スモールビジネスは「つくりすぎないこと」が大切になる。拡大させるのではなく、量より質にフォーカスし、ポイント⑥で後述するような、圧倒的なクオリティーを見せる。結果、持続可能な経営が手に入る。

④良質なコミュニケーション

絶妙な距離感とタイミングをつかむ

スモールビジネスとはコミュニケーションビジネスである。前掲『スモールビジネス・マーケティング』にこう書かれている。同書はヒト（人的資源）をコミュニケーション媒体として有効活用できるか否かが、勝ち負けを決めるとも指摘しており、私も完全に同意するところである。

スモールビジネスの強みは、人間らしいコミュニケーションを提供できる点にあり、客もそれを求めている。長く続くスモールビジネスは、実店舗であろうがオンラインビジネスであろうが、コミュニケーションに力を入れている。

スモールビジネスのコミュニケーションとは、客の情報ニーズに応えることでもある。長続きするスモールビジネスの客は、店主の専門性に期待している。専門性を活かしてアドバイスしたり、専門知識を共有したりといったことが、スモールビジネスにおける良質なコミュニケーションだと私は考える。もちろん、知識を一方的に押し付けてはいけない。あくまで客の求めに応じる姿勢が重要である。

熊本市東区に、私が行きつけの喫茶店がある。仕事の休憩時間、思索にふけるために訪れることが多いが、時折マスターと話すこともある。マスターは基本的に雑談をしない。ただ、こちらが話しかけると、業界で話題のカフェや焼き物などについて丁寧に教えてくれる。絶妙な距離感である。これこそ良質なコミュニケーションといえよう。

あるとき、カップ&ソーサーの収集家でもあるマスターと、世間話に興じたことがあった。ノリタケ（愛知県名古屋市に本社がある陶磁器メーカー）の話題になると、マスターが「名古屋駅の近くにノリタケのおもしろい施設があるそうですよ」と口にした。そのときは「いつか行ってみたいですね」と当たり障りのない返答をしたのだが、あるとき名古屋駅で時間ができ、その会話が急に思い起こされた。これも何かの縁だと思い、徒歩で向かった。

「ノリタケの森」は、クラフトセンターやミュージアムなどが集まる施設で、ノリタケ株式会社本社の隣にあった。施設全体でもっとも印象に残ったのが、ノリタケの歴史を時系列で紹介した展示である。終戦後、食器の生産を再開するも、技能者の激減などの影響で、品質を保つことができなかった。そこで、「ノリタケブランド」を守るため、やむなく「ローズチャイナ」の商標を使用。品質の向上を待ってから、ようやく「ノリタケ」の文字を復活させた。ブランドを守ろうとする姿勢に感銘を受けた。ストーリーテリングを施した展示は仕事の参考になった。

帰熊（熊本に戻るの意）後、ノリタケの森を教えてくれたお礼をしようと、再び行きつけの喫茶店を訪れた。名古屋での体験を共有すると、マスターは笑顔で「楽しまれたようでよかったです」と語った。スモールビジネスとはコミュニケーションビジネスである。この言葉が頭に浮かんだ。

２００９年3月、私はボリビア第2の都市サンタクルスにいた。バックパックを背負って旅をしている途中、現地の日本料理店に立ち寄る機会があった。店主の息子は日系人で、私と年齢が近い。当時のサンタクルスは治安が悪かったが、彼は安全面のアドバイスや市内の交通手段について私に説明し、さらには安全な宿を一緒に探してくれた。10年後の２０１９年に仕事でボリビアを再訪した際、私は当時の感謝を直接伝えたいと考え、日本料理店を訪れた。彼と再会し、彼がつくる日本料理に舌鼓を打った。

専門性を活かすことに限らず、相手にとって有益な情報を伝えることも良質なコミュニケーションに含まれる。これは私が専門とするコンテンツマーケティングのコンセプトでもある。具体的には、「適切な人に、適切なタイミングで、適切な情報を伝える」ことである。2009年当時の私にとって、安全に行動する方法はもっとも有益な情報であった。それを教えてくれた店主の息子には、感謝してもしきれないし、ボリビアへ行ったならば必ず立ち寄る店となった。

良質なコミュニケーションの対象は、顧客だけではない。スモールビジネスの事業者は、地域の一員である。その意味では、地域住民とのコミュニケーションも重要となる。地域住民らとコミュニケーションを取りながら、地域を盛り上げたり、課題を解決したりすることが求められる。それが地域に根ざしたスモールビジネスの責任であると私は考える。

地域や文化の特性を見極める

場所や業態によって、良質なコミュニケーションの定義が変わることも覚えておきたい。２０２２年11月、カンファレンス参加のためオランダに滞在した。もっとも驚いたのが、オランダの人々の「直接的な物言い」だ。東南アジアや北米、ヨーロッパの人々は、日本に比べたら遥かにダイレクトな物言いだが、オランダの人々はそれを遥かに凌駕している。

まず、駅やスーパーマーケットではなんだか怒られているようで、私は毎日萎縮していた。また、カンファレンスにおいてチームビルディングに参加したときのこと。リーダーがオランダ語で進めようとしたところ、私の隣の女性が「英語でお願いできますか？」と要望した。私は女性に「ありがとう。僕もオランダ語が分からないから助かったよ」と伝えたところ、「何いってるの。私はオランダ人。『英語で』といったのはアナタのためよ！」と強い口調でいわれた。私は激しく狼狽（ろうばい）した。

後日アムステルダムでお茶をしたオランダ人の友人に、これらのエピソードを話した。すると、声を上げて笑ったあとに「オランダ人は超直接的な物言いをするからね。それが普通だよ」と教えてくれた。

ただ、滞在が長くなるにつれて、だんだんとオランダ人のすばらしさが分かってきた。直接的な表現はするものの、実は皆とても心優しい人々なのだ。事実、「アナタのためよ！」といった女性は、無表情ながらもカンファレンスで私を度々気にかけてくれ、サポートしてくれた。また、スーパーや駅の人々も、何度か通ううちに、聞いたことには（無表情ながらも）しっかりと答えてくれることが分かってきた。日本人からすると、言葉がきつく感じられるだけなのである。

オランダ人の性格を理解できてからは、彼らとのディスカッションがとても楽しくなった。彼らは建設的な議論を好む。こちらも直接的な表現ができるわけで、本音で意見をぶつけ合う、非常に学びの深い時間を過ごすことができた。

この経験を通して、コミュニケーションのスタイルは場所によって異なり、また相手やその地域に合わせたコミュニケーションが必要なのだと学んだ。これはスモールビジネスにおいても同じことである。

⑤パーパスを常に感じる

人間は「合理的」ではない

世の中の変化スピードが加速し、消費者ニーズも多様化している。ビジネスの難度が劇的に高まっている時代に入ったといえよう。どうやって生き残るか。スモールビジネス経営者の多くが頭を悩ませている。

いっぽうで、経営やマーケティング関係の本は無数に存在するし、ビジネスをサポートしてくれるツールやサービスも世にあふれている。それでもうまくいかないのは、なぜだろう。

理由のひとつは「論理」が先行し過ぎていることにある。世の中のツールやサービスは、「効率化」を実現するための論理的アプローチを採用している。しかし、行動経済学で明らかになっているように、人間は非合理的な行動をとる生き物だ。

心理学用語の「ヒューリスティック」とは、人間の経験や先入観にもとづく直観的な思考や判断を意味する。そのような直観や経験則によって導かれた答えには偏りがあり、誤っている場合がしばしばある。それに対して、論理的に積み上げて出した答えのほうが、「正しい」はずだ。それにもかかわらず、人間はなかなか「正しい」答えには同意できないものである。

たとえば、家電量販店で店員から論理的で隙のない説明を受けた場面を想像してみてほしい。買わない理由がどんどん潰されていき、購入以外の選択肢がもう残されていない。合理的に考えたら、購入するべきだということは頭では分かる。しかし「店員さんの説明は説得力があるけど、なんかモヤモヤする」「何かが違う」と感じて購入をためらってしまう人が多いのではないか。それに、もし論理的に正しい選択をしても、それがヒューリスティックと相反していた場合には、後悔や遺恨が残るだろう。

つまり、納得感という意味で、消費者の購買行動において大切なのは、論理よりヒューリスティックなのだ。しかしながら、経営やマーケティング理論が発達した結果、ほとんどの経営者が論理先行の思考となってしまっているのが現状である。

私たちは今こそ、自らがなぜ存在しているのか、なぜスモールビジネスに取り組んでいるのかを問い直さねばならない。自らの存在理由、存在意義、すなわち「パーパス」を確認すべきだ。

きっかけは忘れても、存在意義は忘れるな

盛岡市でワインショップ「アッカトーネ539」を経営する松田宰(まつだつかさ)氏は、30年近く盛岡のワイン文化を支えてきた人物だ。もともとは盛岡市内でワインバーを経営し、時間を見つけてはワイン講習会を開催してきた。講習会は取材時点で1000回に達しようとしていた。

松田氏は、顧客に対しリーズナブルで品質の高いワインを提供することを通して、「高級で敷居が高いと思われがちなワインのイメージ」を変えることが自分の役割だと考えている。この役割を果たそうと努力してきたことが「長年ビジネスを続けてこられた理由のひとつ」だと語る。

ワインバーや講習会で手応えを感じる部分もあったが、ワイン文化を盛岡でさらに根付かせるためには何が必要か。考え抜いた末、ワインバーからワインショップへと業態を転換させることを決意した。選んだ物件は、江戸時代から続く商店、盛岡市景

観重要建造物「莫蓙九（ござく）」。築200年を超える建物の一角を改装し、2022年に店内で飲食ができるワインショップをオープンさせた。

店のコンセプトは「テーブルの上で世界一周」。日本ではあまり知名度のないワインも含め、リーズナブルで極めて質の高い世界中のワインを取りそろえた。

私が取材で訪れた日は、底冷えのする12月だった。松田氏は暖炉で温めた南部鉄器から白湯（さゆ）を注いでくれた。おひとりさまにも、複数人のグループにも、松田氏は自然体でワインの好みを引き出す。私はあまりお酒を飲まないが、味見させてもらったフランス・アルザス地方のピノ・グリは、熟成を感じるしっかりとした味わいだった。松田氏にそのワインについて尋ねると、歴史やこだわり、ワイナリーと松田氏とのかかわりなど、丁寧に教えてくれる。短時間の滞在であったが、心が満たされた。

「本当に美味しいワインは記憶に残る。五感ではなく『六感』に響くような体験を提供したい」。パーパスドリブンな（パーパスを起点にした）松田氏のこのひとことが、印象に残っている。

スモールビジネスを始めようと考えたきっかけは、人それぞれだろう。今の仕事が嫌だから。自由になりたいから。お金もうけがしたいから。家族との時間が欲しいから。

実は、スモールビジネスを始めるにあたり、何がトリガーになったのかは、持続するか否かにそれほど関係はない。それよりも、自分の存在意義や存在理由、ビジネスに取り組む理由を明確にし、これを常に感じながら仕事に取り組むことが重要である。近年重要性が叫ばれるパーパスである。

松田氏のようにパーパスを感じながら意思決定することで、パーパスが商品やサービス、接客、日々の振る舞いににじみ出る。するとパーパスに共感する人が増えていく。共感した人々はもはや顧客ではなく、パーパスを共有する「仲間」となり、スモールビジネスを応援してくれるようになる。

スモールビジネスは苦難の連続だ。そのなかでビジネスを続けていくためには、モチベーションの維持も重要なファクターとなる。いくら人々から支持されようとも、スモールビジネスオーナー自身のモチベーションが続かなければ、当然のことながらビジネスを続けることはできない。

パーパスドリブンなビジネスは、周囲を巻き込める。不思議なくらい、多くの人に応援してもらえる。困ったときに周りが助けてくれる。コロナ禍を乗り切ったスモールビジネスの多くは、パーパスドリブンなビジネスだった。

パーパスを感じながら営むスモールビジネスは、持続可能性が高まる。パーパスを確認し、常にパーパスを感じながら意思決定しよう。

⑥こだわり抜いた商品・サービス

唯一無二を創り出す――チェンマイのノンアルコールバー

スモールビジネスは過剰でいい。やりすぎなくらいがちょうどよい。こだわり抜いた先に独自のポジションがあり、また、こだわり続けることで持続可能なビジネスが手に入る。これを体現するノンアルコールバーが、タイ・チェンマイにあった。

私がそのノンアルコールバー「intangible（インタンジブル）」を訪問したのは、2023年7月。インタンジブルとは「無形」を意味し、辞書によれば「触れることも、正確に説明することも、正確な価値を与えることもできないもの」と説明されている。

店の公式インスタグラムには、詳しいシステムが記されていた。金・土・日のみの営業で、午後4時半と同7時スタートの回にそれぞれ最大5席の枠があるという。予約は必須。メニューは1種類のコースのみで、5杯のノンアルコールドリンクに4皿の小さなサイズのペアリング料理が付く。コース料金はひとり1950バーツ（約8014円）だった。そして、「私たちのバーはアルコールメニューを提供していません。あらゆるアルコールドリンクの店内への持ち込みは禁じられています」との注意書きがある。私はすぐさま予約した。

旧市街の中心部から東へ約2km、ひっそりとした通りに店はあった。スタッフに予約している旨を伝え、2階に上がる。すると今度は整った口ひげと短髪が印象的な男性が笑顔で出迎えてくれた。インタンジブルオーナーの通称キー（Key）である。

コースが始まるまで数分ほどの間があった。キーはその時間を使い、客同士を自然な形で紹介する。私を含め、おひとりさまにはありがたい心遣いであった。

全員がそろい、コースが始まった。キーがタイ語と流暢な英語で説明を始める。

「今回は『西遊記（さいゆうき）』をイメージしたコースです。タイの生産者から直接仕入れた素材を多数使用しています。どうぞお楽しみください」。

シェーカーを振り、ドリンクをグラスに注いでいく。見た目はアルコールの入ったカクテルそのものだ。「お品書き」には、『西遊記』のストーリーからインスピレーションを得たカクテル名と、キーのメッセージが記載されている。それらをじっくり読んだあと、キーの話を聞きながら、カクテルを味わう。梅シロップに抹茶、カボチャアイスクリーム、地元産のハーブやスパイス。選び抜かれた素材たちが、5種類のカクテルに昇華していく。どのカクテルも、五臓六腑に染み渡る。

カクテルに合わせた料理もすばらしかった。麹を用いたパンナコッタや昆布だしのおでんなど、日本の文化を取り入れた料理もあった。おでんの厚揚げと餅は、タイの生産者から仕入れているという。アレンジした自家製の柚胡椒（ゆずこしょう）が添えられており、こだわりを感じさせた。そして、カクテルに本当によく合う。

1時間40分ほどかけて味わったコースに、心が満たされた。今回の旅でもっとも印象に残る、忘れられない体験であった。

過剰なこだわりはスモールビジネスの特権

いったいなぜノンアルコールバーなのか。気になった私は、本人に直接話を聞いた。カクテルやバーの世界に身を置いて十数年のキーは、もともとバンコクでバーテンダーやミクソロジスト、ドリンクコンサルタントとして働いていた。ちなみに、ミクソロジストとは、野菜、果物、ハーブなどを使って独創的なカクテルをつくる者を指す。近年、日本でも増えている。

かつてのキーはよくパーティーに足を運び、アルコールを飲んでいたという。しかし、自分も含めて人間は酔うと振る舞いが変わる。その様子を見ているうちに、一度アルコールから距離を置いてみようとの考えに至った。

一時的な禁酒期間中、仏教を学び始めた。瞑想に取り組むなかで、「自分の意識や心を邪魔するものは何も欲しくなくなった」。一時的ではなく、永久に断酒することを決意する。

完全に断酒すると、興味関心がアルコールから地元食材へと移っていった。タイには希少な食材が数多く存在する。しかし、希少さに見合った金額がついていない。

「自分が彼らのすばらしい食材に価値を見いだし、最高のノンアルコールカクテルを提供しよう」。さっそく、ノンアルコールバー立ち上げの準備に取りかかった。

顧客の一人ひとりと向き合い、食材やコースのストーリーを丁寧に伝えたいとの想いから、完全予約制とし、席数も限定した。繁華街だと飛び込みの来店も多くなる。「過度な注目はメリット以外ももたらす」との考えから、あえて離れた立地を選び、バーに見えづらいシンプルな外観にした。

「芸術作品としてのノンアルコールカクテルを鑑賞し、味わい、自分の形のない感情を感じてほしい」。こうした想いからインタンジブルという名をつけた。

そういえば私を含め、客はほとんどスマートフォンを触っていなかった。皆無言でキーの動きを観察し、カクテルの味と香りを楽しみ、そして感想を口にし合う。疑問があればキーに質問する。整った空間のなかで、心地よい時間が流れていた。

ここまで尖った店で、しかもノンアルコールで、持続可能なビジネスは実現できるのか。素朴な疑問をぶつけると、キーは「すばらしい品質のドリンクとサービスを提供し、それが誰かや何かのためになるのであれば、いつの日か顧客はインタンジブルと出合う」といい切った。

圧倒的なクオリティーになるまでプロダクトとサービスを磨けば、持続可能なビジネスは手に入るという、彼の経験にもとづく意見だ。

私が日本から来たことを告げると、キーは「僕は日本が大好きなんだ」と笑顔を見せた。理由を尋ねると、こう説明してくれた。「日本人は旬の食材を使い、地元の農家を応援するというマインドセットを持っている。好きなことを仕事にするための情熱の注ぎ方や『こだわり』の精神もすばらしい。日本から僕らが学ぶことは本当にたくさんあるし、世界の細部をよりよくするものだと確信しているよ」。キーのいう日本の「こだわり」こそ、スモールビジネスの持続可能性を高める。

２０２３年11月、残念なニュースが飛び込んできた。一帯を焼く火災によりインタンジブルが営業できなくなり、閉店に追い込まれたのだ。一時落ち込んだキーだが、今は前を向いている。飲食店などとのコラボレーション、イベント参加、ワークショップ、ドリンクの開発。インタンジブルのブランド名で、「ノンアルコールドリンクアーティスト」として活動を続けている。将来的には店の再開を計画しているが、

「今は食材や料理の技術、文化についてもっと知りたいと思っている」という。これからもキーの「こだわり」が終わることはない。

こだわれること、やり抜けることは、スモールビジネスの特権だ。リスボンで見つけたヴィンテージポストカードの専門店は、1900年代前半のポストカードを扱っており、すばらしいコレクションだった。これまたリスボンの缶詰店は、缶のデザインにこだわり抜いており、店自体が観光スポットになっている。

東京・神田にあるオーガニックレストランは、青梅市の自社農場で生産した有機野菜を料理に使用するこだわりを持つ。自家製の酵素ドリンク炭酸割りも含め、このエリアでは抜きん出た存在だ。

過剰なほどこだわり抜くことで、スモールビジネスは独自のポジションを築き、持続可能な存在となるのである。

⑦確固たるコンセプト

ユニークなコンセプトは武器になる

スモールビジネスはコンセプトが命である。「どんな店をやっているんですか？」「どんなお仕事ですか？」と質問された際、ひとことで答えられ、かつすぐに理解してもらえる明快なコンセプトがふさわしい。

コンセプトは必ずしもユニークなものでなくともよい。「子連れでもゆっくりできるごはんカフェ」「仕事帰りにひとりで立ち寄れる焼鳥店」「人生の相棒が見つかる国産鞄専門店」「3カ月以内に売り上げを増やすECコンサル業」など、既視感があったとしても分かりやすいコンセプトであればOKだ。

分かりやすいコンセプトの店は、客からすれば使いやすい。安心感があり、日常使いのハードルがぐっと下がる。ただし、違いを別の部分で出していく必要があるため、店主のキャラクターを前面に出したり、良質なコミュニケーションを意識したり、リーダーシップを発揮したりといったことがよりいっそう求められる。

いっぽう、あらゆる業界でコモディティー化（類似商品やサービスが同時に提供され、市場価値が低下すること）が進むなか、ユニークなコンセプトを打ち出すことは有効な手段である。

たとえば、「テキーラ専門バー」「世界中の希少なカップ&ソーサーでコーヒーを出す喫茶店」「電子レンジや食洗機が使える漆器」などは、ユニークなコンセプトにあたる。これらのビジネスはすべて実在している。このように、ニーズを満たしたり課題を解決したりするユニークなコンセプトという武器があれば、戦える（ただし、誰にも理解されないような尖りすぎたコンセプトは、避けたほうが無難である）。

ユニークなドーナツで知られるアメリカの「ブードゥー・ドーナツ」は、カルト的な人気を誇るドーナツ店だ。カルトブランドを生む技法については、拙著『カルトブランディング』（祥伝社新書）に詳しい。魔術や呪いに用いられるブードゥー人形を模したドーナツ、唐辛子が載ったドーナツ、メープルとベーコンのドーナツなど、独創的なドーナツを提供している。スタッフはフレンドリーで、居心地がよい。2014年8月、オレゴン州ポートランドの店舗を訪問した際は、ピンク一色の内装に度肝を抜かれた。２０２４年３月、テキサス州オースティンでブードゥー・ドーナツを見つけた際は、店内でドラァグクイーンらが歌っていた。「卓越したホスピタリティーと型破りなショービジネス精神の融合」というコンセプトにより、ドーナツ業界において独自の地位を築いている。

韓国のソウル・明洞（ミョンドン）の似顔絵店は、１枚９０００ウォン（１０００円弱）、１分以内で描くというコンセプトが支持され、連日行列ができている。一般的な似顔絵サービスは、10分以上時間をかけて描くもので、また料金はもうすこし高い。明洞の似顔絵店はこれとは一線を画す。私も描いてもらったが、特徴をうまく捉えた絵で、今でも自宅に飾っている。

フランス・パリで街歩き中に見つけた店は、現代アートのギャラリーと思いきやヘルメット専門店だった。カラフルに彩（いろど）られたヘルメットが壁に並んでおり、人目を引いた。

東京・神田駅の東口から徒歩30秒の「六花界」は、「立ち食い焼肉」の店だ。肉のクオリティーは申し分ない。ビールはなく、飲み物は日本酒が中心だ。肉１皿５００

円、ドリンク1杯400円という価格、アットホームな雰囲気が支持を集め、連日大賑わいの人気店となった。驚くべきは店の狭さ。厨房含めたったの2・2坪なのである。運営する六花界グループのCEO・森田隼人（もりたはやと）氏は、コンセプト設計に関して天賦の才を持つ。女性限定の焼肉店に、住所非公表の焼肉店。どの店もコンセプトが話題を集め、口コミで広がっていく。

コンセプトを守りながら柔軟に変化する

タイ・バンコクの「パーセプション・ブラインド・マッサージ」は、視覚障害のあるセラピストに雇用を提供することなどを目的として、2014年12月に立ち上げられたマッサージ店だ。ウェブサイトは「誰もが才能を持っていると信じており、それを発揮できる機会を提供している」「どんな状況であっても一人ひとりを平等に大切にする」と店のスタンスを説明。目が不自由なセラピストは、他の人にはない触覚をフルに活用できるため、マッサージセラピーの才能を発揮できるという。私も体験したが、マッサージを受けてみて、確かにセラピストとしての才能を感じた。

店で受け取ったショップカードには、店舗情報がテキストと点字で印刷されていた。ダークトーンのインテリアデザインは、セラピストたちの「目が見えなくても感じることができる」という想いにインスパイアされたものだという。一貫したコンセプトがすばらしい。

パーセプション・ブラインド・マッサージの戦略はブランディング視点でも興味深い。バンコクのマッサージ業界は、供給過多に見える。シンプルに戦うだけでは価格競争に巻き込まれる。しかし、この店は他にはない応援したくなるようなコンセプトと質の高いサービスで、付加価値を生んでいる。競合の存在しない独自のポジショニングによって、高めの価格設定でも集客に成功しているのだ。

核となるコンセプトを定めたら、ぶれてはいけない。デービッド・アーカー氏は、著書『ブランド論』（ダイヤモンド社）で、「一貫性が勝利をもたらす」と強調。その上で、ＢＭＷ、シンガポール航空、無印良品などを引き合いに、数十年におよぶ一貫性が忠実な顧客基盤をもたらしたことを指摘している。

ただし、コンセプト以外の部分は思い切って変えてもいい。長く続くスモールビジネスを取材すると、店のルールを変えたり、メニューのラインアップを劇的に変更したりしたという話を頻繁に聞く。客からの要望や何らかのトラブルなど、そのきっかけはさまざまだ。それでも、チェーン店とは異なり、何者にも守られていないスモールビジネスには、柔軟に物事を変えていく姿勢も求められる。

スモールビジネスの客は、商品・サービスではなくコンセプトにお金を払っている。コンセプトが尖っていようが尖っていまいが、客がコンセプトに共感、納得したとき、それはスモールビジネスの持続可能性が手に入ったも同然だ。

⑧リーダーシップの発揮

ソートリーダーシップ戦略とは

スモールビジネスの経営者はリーダーを目指すべきだ。業界においてリーダーシップを発揮することで、スモールビジネスは長続きする。

起業ハードルが下がった結果、あらゆる業界がレッドオーシャンとなった。飲食業はその最たるもので、カフェにしても居酒屋にしても厳しい戦いが待っている。価格競争に巻き込まれてしまっては、スモールビジネスに先はない。では、どうすべきか。リーダーシップを発揮し、存在感を高めることが求められる。

どれだけレッドオーシャンの業界であっても、課題解決に寄与するような革新的なアイデア（＝ビッグアイデア）を打ち出せば、業界やカテゴリーにおいて確固たる地位を確立することが可能だ。これを目指す戦略をソートリーダーシップ戦略と呼ぶ。

リフォーム業を営んでいた糟谷幸治（かすたにこうじ）氏は、クライアントとの日々のやりとりのなかで、日本の女性が生活に彩りを求めていることに気づいた。いっぽうで、日本の家は白い壁紙が多く、欧米と比べて華やかさがない。とはいえ、アートを飾るにもかなりのコストがかかる。どうすべきか。考えた結果、欧米の壁紙を提案することを思いついた。

糟谷氏は２００９年、神戸・三宮（さんのみや）に輸入壁紙店「スターマムブリッジ」をオープンさせる。駅からは徒歩圏内だが、路地ビルの３階という立地もあり、通行人が偶然入ってくることは期待できない。そこで「違った売り方」を考えた。輸入壁紙の「切り売り」である。

当時の業界の常識では、切り売りは考えられなかった。輸入壁紙はロールごとに色味が微妙に異なる。すこしでも切り売りしてしまうと、壁に張り付ける際、2ロールにまたがって使用することになる。結果、同じ部屋、同じ柄にもかかわらず、異なる色味の壁となってしまうからだ。

ところが糟谷氏は10㎝単位で切り売りした。イギリス、フランス、イタリア、スウェーデン。日本にはない柄の壁紙は、それだけでも存在感がある。壁一面への張り付けはすぐできなくとも、フレーム（額縁）に入れて壁紙を部屋に飾ることで、生活に彩りを加えることができる。

神戸で開かれるマルシェやものづくり系のイベントに積極的に参加し、ワークショップやフレーム壁紙の販売を続けた。日本の伝統的な屏風（びょうぶ）に輸入壁紙を張り付けた商品は、メディアに取り上げられ、話題を集めた。努力の結果、関西に輸入壁紙の文化を根付かせることに成功する。

糟谷氏は、「生活に彩りが欲しい」というニーズに対し、「輸入壁紙」というアイデアを提示した。結果、「関西における輸入壁紙の第一人者」として認知され、業界においてリーダーシップを発揮することができたわけだ。ソートリーダーの地位を確立すると、ビジネス的なメリットが大きい。糟谷氏の場合、ヨーロッパの華やかな雰囲気の部屋にしてほしいという相談が相次ぎ、リフォーム業の売り上げが伸びた。

後日談がある。輸入壁紙が世の中に浸透した結果、関西で輸入壁紙を扱う店が急増したのだ。ところが、ソートリーダーシップ戦略は先行者メリットが極めて大きい。消費者はスターマムブリッジと比べるわけで、長く続いている店に対し安心感を抱く。結局、新たに誕生した輸入壁紙店の多くは現在、店をたたんでいる。

アイデアは伝えなくては意味がない

糟谷氏の事例は、美しいソートリーダーシップ戦略といえる。ビッグアイデアをさまざまなチャネル（経路）で伝え続けることで、業界におけるリーダーとなったのだ。このように、ビッグアイデアは自ら発信する必要がある。イベント参加やメディア露出だけではなく、インターネットを活用して自らチャネルを立ち上げる方法も有効である。たとえば、以下は充実したウェブメディアを立ち上げた事例のひとつだ。

海外に住む私の友人は、インパクトマネジメント分野を専門としている。彼は自らが主導して、関連するウェブメディアを立ち上げた。インパクトマネジメントとは、企業や組織が社会や環境に与えるポジティブな影響を管理し、最大化することを目指すものだ。友人によると、SDGsやサステナビリティーはどちらかというと「取り組む行為」を重視するが、インパクトマネジメントはどれだけの変化があったのか、その「結果」を追求することが大きな違いだという。

彼が立ち上げたウェブメディアでは、インパクト測定法、インパクト基準、インパクト投資、持続可能なリーダーシップとファイナンス、ソーシャル・ビジネス・モデルなど、「インパクトの評価」に関連する幅広いトピックを取り上げている。研究者らがエビデンスベースの記事を執筆しており、説得力は抜群だ。インパクトマネジメント分野のさまざまなビッグアイデアが提示されている、すばらしいソートリーダーシップ媒体である。

マッキンゼー・アンド・カンパニーが刊行している「マッキンゼークォータリー」

も、ソートリーダーシップ媒体といえる。経営トップらが重要課題を明示し、知見を提供するもので、１９６４年創刊の伝統ある媒体だ。

　これだけ情報があふれる時代において、単なる知識に価値はない。世の中はビッグアイデアを求めている。ビッグアイデアを生み出したら、それを伝えることにフォーカスしたい。その際、ウェブサイトやオウンドメディアの立ち上げ、ブログ運営、ＳＮＳ運用は、ソートリーダーを目指す上で有効だ。

　課題解決に寄与する革新的なアイデアを生み出そう。そして、アイデアを伝えることを通して、ソートリーダーを目指そう。

⑨戦略的な立地選定

「目的地」になることができるか

　店舗を持つスモールビジネスにとって、店を構える場所の選択は、非常に重要である。駅前にチェーン店が広がるのは見慣れた光景だ。大量の集客が可能となる点で、これに勝る立地はないであろう。しかし、当然のことながら家賃は格段に高くなる。
初期投資や固定費を抑えるスモールビジネスの場合、こうした戦略はとりづらい。スモールビジネスの立地を分析すると、大きく2通りに分かれる。ひとつは、スモールビジネスが集積するエリアや通りへの出店。もうひとつは、周辺にスモールビジネスがまったく進出していないエリアへの出店である。

前者は「集積の利益」に期待する戦略である。街歩きできる範囲、つまり徒歩圏内にスモールビジネスが立地するエリアは、国内外に数多く存在する。たとえばベトナム・ホーチミンを歩くと、入り口に看板が掲げられた路地を数多く目にする。路地では道に沿うように、住居やカフェ、レストランなどが並ぶ。こうした路地を現地では「ヘム」と呼び、センスのいい店が集積している。国内でも、私が本書のために取材した東京の蔵前や谷根千（谷中・根津・千駄木）エリア、岩手の盛岡、大分の別府など、店巡りを楽しめる地域はいくらでもある。

こうしたエリアへの出店は、そのエリアが育んできたブランドの恩恵を受けられる。その半面、こうしたエリアはすでに家賃が比較的高くなっているケースが多く、また同業者とのバッティングが起きる可能性もある。

後者は、店主のキャラクターや商品力、コンセプトが抜きん出ている場合に検討すべき戦略である。店自体が目的地になるようなエネルギー、魅力がなければ、そもそも客はやってこないからだ。

実は、今すでにスモールビジネスが集積しているエリアも、始まりは1軒の店だったケースが多い。その最初の店が目的地となり、人の流れをつくり、後続が出店する流れをつくったのだ。こうした店は、その存在自体が伝説となり、強固なブランドが手に入るため、結果として長続きする。その意味では、思い切って未開拓エリアに出店する戦略を採用する手もある。

兵庫県丹波篠山市にあるセレクトショップ「アーキペラゴ」は、まさに、目的地となり得る店である。

店は、ＪＲ福知山線の古市駅を降りてすぐの、周囲に農地が広がる長閑な場所にある。車で大阪市内・神戸市内から1時間ほど、電車では大阪から快速電車で1時間とすこしかかる。大きな倉庫のような外観で、看板は控えめだ。店のことを知らなければばたどり着けないだろう。

米倉庫を改装したという店舗は、天井が高くて開放的だ。商品の器、鋏、シャツなどが、広大な空間を贅沢に使って展示されている。余計なものがなく、引き締まった空間ながら、心地よい雰囲気だ。

店名のアーキペラゴは英語で「多島海」を意味する。日本でいえば瀬戸内海が当てはまる。独自の文化を持つ唯一無二の島々が、それぞれ生き生きと存在している。強烈な個性の「個」がつながり、エリア全体を醸成していくイメージだ。

アーキペラゴの店主・小菅庸喜氏は、手漕ぎボートで各島々を回るがごとく、日本全国のつくり手たちに直接会いに行く。じっくりと対話し、それが息の長い付き合いにつながっていく。小菅氏の活動の積み重ねが、多島海、すなわちアーキペラゴを生んだのだ。

店では全国各地の15人ほどのつくり手の作品を扱っている。「実はもともと僕も、つくり手を目指していたんです。今はこうしてお店をやっているわけですが、ものをつくって生きていくと決めた人の覚悟に感動する日々です」と小菅氏は語る。

「僕たちの仕事は空間と時間をつくること」。小菅氏が穏やかに語る言葉の一つひとつが、胸に響く。その言葉の通り、気づけば1時間以上が経過していた。それでも、もっともっと話を聞きたかったというのが本心である。

アクセスは必ずしもいいわけではない。お昼前後になると、電車の本数は1時間に1～2本。それでも、わざわざ足を運ぶ価値のあるすばらしい空間であった。整った空間は、時間を忘れさせる。この原稿を書いている今、古市での体験が幻だったかのような錯覚を覚える。

街のアイデンティティーを形成する

特定のジャンルのスモールビジネスが、街歩きできる範囲に集積した結果、地域のブランド価値が向上する例がある。本といえば東京・神保町(じんぼうちょう)、ウナギといえば福岡・柳川(やながわ)——といった具合である。ちなみに、柳川市はウナギの専門店を紹介する「うなぎめしマップ」なるものをつくるなど、地域のブランド価値向上に努めている。

さきほど紹介したタイ・チェンマイは、カフェやロースタリー（焙煎所）巡りが楽しめる都市だ。日本でいう京都のような古都で、古くから交易の要衝として知られている。今も昔もさまざまな人種・民族が集まる、まさに「人種のるつぼ」といえる。すこし街を歩くだけでも、中華系や少数民族系、インド系、そして欧米系の人々が行き交い、多文化共生の様を感じることができる。

かつてのアメリカ・ブルックリンを見れば分かるように、多様な文化が混じり合う、比較的物価の安い土地では、独自の文化が形成されていく。チェンマイもそうした街のひとつだ。たとえばコーヒーシーンを見てみると、かつてはコーヒー豆を生産するだけだったチェンマイだが、ここ数年でカフェやロースタリーのレベルが急上昇した。今や世界屈指の集積地となっている。

一般に、地域の核となるカフェやロースタリーは1~2店舗が標準的なところだろう。ところが、チェンマイには独自の哲学で経営するカフェが数多く立地する。各店舗に足を運ぶと、そこで別の店を紹介される。数珠つなぎの街歩きが楽しい。

バリスタの世界一を何度も獲得している「ロースタリーコーヒー」、博物館のなかにある「ギャラリードリップコーヒー」、タイ・チェンライ産の豆にこだわった「アカアマコーヒー」、まるで果物ジュースのような味わいのアイスドリップコーヒーを出してくれる「ペガサスカフェ&ロースタリー」――。どの店も独自の哲学でストイックにコーヒーと向き合っている。店の哲学と哲学がぶつかるのではなく、コーヒーを愛する者同士、共にチェンマイのコーヒーシーンを盛り上げていこう。彼らのこうした気概を感じる。

このようなレベルの高い地域にあとから参入することは、難しい面もあるかもしれない。しかし、本気でその道を極めようとしたとき、スモールビジネスにとって、むしろこれ以上ない立地といえる。

⑩ビッグテック経済圏に依存しない

ネットに載っていない店

スモールビジネスの認知獲得のために、グーグルやフェイスブックといったいわゆる「巨大IT企業=ビッグテック企業」のサービス、さらには口コミサイトを活用することは、重要であるとされてきた。「集客にSNSを活用しましょう」「SEO対策で検索順位を上げて見つけてもらいやすくしましょう」。ブログ記事や書籍ではこうしたアドバイスがさかんに行なわれている。

私たちの住む世界は、「ビッグテック経済圏」がすでに完成しており、たとえば飲食業界にしても、広告を含めたさまざまなサービスを活用することで、集客を実現している。

ところが本書執筆のために取材を進めるなかで、長く続くスモールビジネスのうち、ビッグテック経済圏とは距離を置く例が多数存在する事実が浮かび上がってきた。彼らはなぜあえて距離を置くのか。店主らに取材すると、以下の理由が挙がった。

(1) 十分店が回っており必要性を感じないから
(2) 口コミサイトなどを見て訪れる客がリピーターになることは少なく、労力や費用をかけてまでやるメリットを感じないから
(3) 露出が増えることで叩かれるリスクが高まるから

話を聞いた店の一定数は、オーナーや店主の人脈や商品力などによって十分集客できており、常連客もついていた。常連客に支えられている店は、新たに顧客を獲得していく必要性は少ない。確かに、常連客の高齢化による売上減少のリスクは存在する。しかしながら、常連客の紹介で訪れる客は常連化しやすく、特に飲食業界において長く続く店はこうしたサイクルが確立されている。

取材した大阪・キタにあるおばんざい屋の店主は、「口コミサイトを見て訪れる客がリピートしてくれることは少ない」という。店主によると、ある時期、ひとり客が料理の写真を撮影し、店内を観察して、お酒を1杯だけ飲んですぐに出て行くという例が続出した。この店は店主の人柄や美味しい家庭的な料理、カウンターで隣同士になった人とのコミュニケーションを目的に、常連客が足繁く通っている場所だ。「ひとり客が観察してすぐ出て行くケース」が増えたのは、この店がブログか口コミサイトで紹介されたことが原因だったとみられる。店主は「ここは常連さんにゆっくり楽しんでもらう場所。そんなことがあってからは、雰囲気を壊さないためにネットの露出を極力減らすようにしているの」と振り返る。

口コミサイトはリスクが大きい。私がよく訪れる店でも、店主はショックを受けていた。ボタンの掛け違いや繁忙期のミスコミュニケーションを、「サービスが悪い」などと口コミに書かれたためだ。

飲食店の場合、ある程度ターゲットを定めていることが多い。しかし、ターゲットではない層の客から見れば、理解できないサービスや料金設定、店の雰囲気となってしまい、評価は必然的に下がる。認知経路が増えている現代は、さまざまな客が来店する可能性がある反面、叩かれるリスクも増えているのである。

ビッグテック経済圏に依存しない店の実例は、次章でも詳しく紹介したい。

第4章

究極の差別化戦略

なぜ今、「間口を狭める店」が成功するのか？

第3章では、スモールビジネスの基本的な戦略を紹介した。第4章では、基礎を固めた上で検討すべき、ハイレベルな戦略について考えていきたい。

近年、間口を狭めるスモールビジネスが世界的に増えている。この傾向は実店舗、オンラインを問わないが、特に飲食店において目立つ。こうした店が増えている理由は、図7で示す3点が挙げられる。

第1の理由は、世界観を守るためである。世の中にあるほとんどすべての飲食店は、コンセプトやこだわりを持つ。そして、こだわった店であればあるほど、客を選ぶ。客商売は「オープン」が前提であり、誰にでも間口を開いた店であれば、コンセプトやこだわりを理解しない客も来店する。しかし、ターゲット層と異なる客の満足度は、基本的に低くなる。すると、インターネット上にネガティブな口コミを書かれるリスクが出てくる。

こうした口コミはやっかいで、店主のモチベーションは大きく削がれてしまう。想定外の客層が雰囲気を乱し、ネガティブなレビューを読んだ店主の気持ちは落ち込み、

図7　スモールビジネスが間口を狭める理由

① 世界観を守るため

② 話題づくりのため

③ 特別感を与えるため

経営方針にも迷いが出る。その結果、店の世界観は崩壊していく。これを防ぐ意味で、つまりは本当に来てほしい客のみに来てもらうために、間口を狭くするわけだ。

第2の理由は、話題づくりのためである。入り口が分かりにくい店でよく見られるが、そのコンセプト自体が「謎解き」に近いエンターテインメント性を帯びている。その体験が、「SNSなどで拡散したい」という欲求を増長させる。間口を狭めることで客層を限定したいわけではなく、むしろ話題性を高めることを狙いたいケースに見られる理由だ。

第3の理由は、特別感を与えるためであ

る。起業ハードルが下がった結果、あらゆるスモールビジネスがレッドオーシャン化している。特別な国家資格などが不要なビジネス、特にカフェや居酒屋は競合数があまりに多く、相当な努力がなければビジネスを成功に導くことはできない。

ロンドンにパリ、アムステルダム、リスボン——ヨーロッパの街を歩くと、店舗が集積しているエリアもあるにはあるが、基本的には店が点在している。そうした国々から日本へ帰国する度に、都市部の駅周辺や中心市街地における店の集積度合いに驚かされる。看板の多さと明るさに、すこし酔うことすらある。これだけ競合が多いのだから、あらゆるビジネスのなかでも飲食店経営の難度は上位に入るであろう。

したがって、飲食店が生き残る上で差別化は必須である。第3章で説明した10のポイントはすべて差別化につながるものだ。さらに差別化を極める上で、「間口を狭める」戦略はもっとも有効といえる。これはラグジュアリー産業のアプローチとも近い。「間口を狭める」戦略における最重要ポイントは、あえて敷居を高くすることで特別感を与え、「大切にされている」という気持ちを顧客に抱かせることなのだ。

人は大切にされたい

そもそも、人はいつだって「大切にされたい」という願望を持つ。

ヨーロッパに住む私の友人は、ラグジュアリーブランドの担当者がメッセージアプリで直接連絡してくることを、好意的に受け止めていると話していた。一斉送信メールでもなく、新商品の入荷情報でもない。友人によると、そうしたメッセージはプライベートな話題、相手を気遣う文面だという。これにより「自分自身が大切にされている感じがして嬉しい。ブランドへの愛が高まる」と友人は説明する。

私自身も、愛する店やブランドからの連絡には心おどる。新商品やイベントの情報が掲載されたニュースレター（≒メルマガ）はいつだって楽しみだ。私に手紙をくれる店もある。すべて手書きで、相手を慮（おもんぱか）るパーソナライズされた内容だ。店への忠誠心がぐっと高まる（ただし、関係性ができていない客への手紙や連絡はむしろマイナスイメージとなるので注意が必要だ）。「大切にされている感じ」をいかにして抱いてもらうかは、スモールビジネス経営の重要なテーマのひとつである。

先ほどの友人の話で思い起こしたのは、２０２４年９月に仕事で滞在したクック諸島での体験と、そこで利用した宿のすばらしいホスピタリティーだ。

クック諸島で仕事を進めるうち、後半のスケジュールを変更する必要が生じた。数日後にチェックイン予定だったその宿に、スケジュール変更についてメール連絡したところ、ホストが迅速かつ丁寧に対応してくれた。

そのときから宿への印象はよかったのだが、チェックイン時の対応もすばらしかった。私が仕事で疲れ果てていることを察知したのか、ホストの女性は、テキパキと短時間で設備の使い方を説明してくれた。「ディナーはどうするつもりか」という彼女に、私が「すこしおなかが空いているので、レストランを教えてほしい」と告げると、徒歩圏内の2軒を丁寧に示してくれたり、他にも買い物場所を教えてくれたりと、ホテル滞在中は何かとよくしてもらった。チェックアウト後も、宿泊先として選んだことへの感謝を伝えるフランクなメールをくれ、印象に残る宿となった。クック諸島のなかでは比較的リーズナブルな宿での出来事である。

この宿を含め、クック諸島滞在中は何度も「大切にされている感じ」を受けた。クック諸島の小さなエアラインのキャビンアテンダント、鶏肉料理のテイクアウト専門店のスタッフ、ツアーガイドなど、彼らのホスピタリティーはレベルが高かった。自然体で、関係性をつくるのがうまく、対等な人間関係のなかで相手を思い遣ることができる。ゲストは「大切にされている」と感じる。クック諸島が旅行の目的地として選ばれる理由がよく分かる。

「働き方研究家」の西村佳哲（にしむらよしあき）氏は、著書『自分の仕事をつくる』（ちくま文庫）で、世の中には「こんなもんでいいでしょ」と、人を軽く扱ったメッセージを体現する仕事が存在することを指摘する。いっぽうで、手間を惜しまずにつくられる料理や、表には見えない細部にまで手の入った工芸品など、力の出し惜しみがない「丁寧に時間と心がかけられた仕事」も存在すると強調している。その上で、人間は「あなたは大切な存在で、生きている価値がある」というメッセージを常に探し求めている生き物であり、こうした仕事に触れると、私たちは「嬉しそうな表情をする」と説明する。クック諸島での体験は、まさにこれを証明するものといえる。

私はかつて、登山に親しんだ。現在はトレイルランニングを趣味のひとつとしている。登山やトレイルランニングで使用する道具は、かゆいところに手が届く設計である。たとえば、アウトドアブランド「モンベル」のジッパー付きウエストウォーマー（いわゆる腹巻）は、「まさにこういうのが欲しかった」と思う一品で、嬉しくなる。保温性と速乾性があり、しかも簡単に着脱可能だ。山に入る人のことを考え抜いたすばらしいプロダクトである。これも「丁寧に時間と心がかけられた仕事」であり、それで私が喜びを感じているわけだ。

２０２２年6月に開かれた、ヨーロッパ最大のリテールカンファレンス「ショップトーク・ヨーロッパ」では、小売業界が相手を大切にすることを示すアプローチを採用していることを、ショップトークのシニアバイスプレジデントらが共有した。

近年、人々の注意力が低下しているとの指摘がなされているが、「そうではない」という。メディアの数、そして情報量が爆発的に増加した結果、消費者は常に気が散っている状態に陥っているだけなのだ。こうした環境下では、小売業者としては、「消費者の時間を尊重している」ことを示すのが重要だ。その事例として、アメリカのディスカウントストア大手「ターゲット」の取り組みが紹介された。

２０１７年、ターゲット社は店舗デザインを変更し、同じ店舗に2つの異なる入り口を設けた。ひとつは、買い物体験を楽しみたい人向けの「Inspiration（インスピレーション）」（ひらめきの意）、もうひとつは急を要する商品や頻繁に購入する商品をさっと買える「Ease（イーズ）」（簡易の意）である。

この入り口に付けられた「インスピレーション」と「イーズ」は、顧客のニーズや消費行動を表すものだ。ターゲット社をはじめとして、賢明な経営者はすでに両方の消費行動に対応している。消費者は自身の状態やマインドを的確に捉えた設計に対し「自分は大切にされている」との感情を抱くであろう。

「大切にされたい」という願望に応えることは、スモールビジネスの得意分野だ。近江商人の「三方よし」の姿勢にも表れているように、日本には売り手（自分）だけでなく買い手や世間も満足している状態を目指す考え方があった。しかし、いつの日か金もうけのみが主眼のビジネスが増えた。

基本に立ち返り、相手のことを考え抜く。そうすれば、自ずと客は「大切にされている」という感覚を持つのである。

看板を出さない

「大切にされている」ことを顧客に感じさせるために「間口を狭める」戦略をとる。その基本を理解した上で、ここからは、間口を狭める戦略の具体的な事例を紹介する。スモールビジネスのオーナーはどのような意図でその戦略を選び、それが顧客の心をどうつかんでいるかを明らかにしたい。

間口を狭める意味でもっとも典型的なものが、本書のタイトルのように看板がない、または入り口が分かりにくいスタイルだ。「見えない店」ともいえる。

近年、いわゆる隠れ家的バーは、世界的に注目を集めている。それらは「スピークイージースタイル」のバーと呼ばれるが、その由来は、アメリカ・ラスベガスの博物館を訪れると分かる。

ネバダ州ラスベガスにある「モブ・ミュージアム」は、公式サイトによると「組織犯罪の歴史とアメリカ社会への影響に関する一般社会の理解を深める」ために設立された施設で、抗争の歴史や銃器訓練体験など、マニアックな展示や体験が話題を集めている。このなかに、禁酒法時代（1920～1933年）に関する展示がある。女性がズボンにポケットをつけて、酒瓶を隠し持っている絵には、「男も女も、バレずに酒を持ち運ぶ工夫を凝らした。ポケットのついた女性用ズボンや、体にフィットした金属製のフラスコが流行した」と説明書きがあった。私は2018年3月に訪問したが、この展示を見て「いつの時代も酒好きは存在するんだな」と納得したことを覚えている。

さて、酒の需要がある以上、関連ビジネスが生まれるのは当然だ。当時、飲み屋は地下に潜り、酒好きを楽しませた。そのときに、違法に酒を提供していた「もぐりの酒場」がスピークイージーと呼ばれたのだ。直訳すると「こっそりと話す（speak easy）」となる。

現代でも、あえて看板を掲げなかったり、入り口を偽装したり、入り口が極端に分かりにくかったりする隠れ家的なバー全般を、スピークイージースタイルのバーと呼ぶ。近年、こうしたスタイルは世界的に注目されており、人気の店は地域の社交場ともなっている。

タイ・チェンマイにあるバーも、そんな店のひとつだ。業界でよく知られた名店で、本格的なミクソロジーカクテルを楽しめることが売りなのだが、とにかく入り口が分かりにくい。そもそも、入り口は道路に面していない。飲食店と飲食店のあいだの空間をすこし進むと、左側にドアがある。ちなみに私が訪問した際は、入り口が分からずに建物の前を何度も通り過ぎた。

なんの変哲もないドアを開け、階段を上る。ソファーが置かれた空間があるが、誰もいない。困り果てていると、突然20代とおぼしき女性が目の前に現れた。手品を見せられた思いで、呆然と立ち尽くしていると、女性が口を開いた。


「あなた、お手洗いを探してるの?」

「いや、バーを探してるんだけど」

「ああ、はじめてだったら分からないわよね」

「君はバーのスタッフ?」

「違うわよ。私は客。これからお手洗いに行くところ。バーに行きたいのならそこの大きなガラス部分を動かしてごらん」

いわれた通りにすると、目の前にオーセンティックバーが現れた。カウンターとテーブル席を合わせて20～30席はあろうか。ほぼ満席で、カウンター席になんとか滑り込んだ。客の大半は、ローカルとおぼしき着飾った人々だ。チャージ料はないものの、カクテルが1杯1600～1800円程度で、チェンマイの物価を考えると安くない。スタッフは皆英語が堪能で、オリジナルカクテルやノンアルコールドリンクについて丁寧に説明してくれる。

サービスのレベルもカクテルの味も雰囲気も、なかなかお目にかかれないレベルだ。世界的なバーテンダーがゲストバーテンダーとして訪れるなど、業界でも評価が高いバーだという。隠れた場所にある、きらびやかな世界——そのギャップに客は陶酔するのだろう。

ベトナム・ホーチミンにも、入り口が極めて分かりにくいカフェがある。入念に場所を調べてから訪れたが、それでも入り口が分からない。ここかな、と思って店内をのぞいたら違う店だった。

何度か行ったり来たりしていると、古い雑居ビルの1階入り口付近で座っていた高齢男性と目が合った。「カフェを探しているのですが」と伝えると、上を指さす。カフェならこの雑居ビルの上にあるぞ、という意味である。しかし、看板は見当たらない。訝しがりながらどこか頼りない階段をゆっくりと上ると、そこに入り口があった。

その先には、ブルックリンにありそうな雰囲気の洒落たカフェ空間が広がっていた。広々としたスペースで、クリエイターとおぼしき人々がラップトップと向き合っている。Wi-Fi速度は申し分なく、ワークショップができそうな広々とした部屋もあった。雑居ビルの入り口から店内までの景色とのギャップに、狐につままれたような思いである。このときはカフェラテのホットを注文したが、苦みと甘みのバランスの取れたすばらしい味だった。タスクがたまっていたので、私もラップトップを開いてカフェラテを片手に仕事に集中した。なんだか秘密基地で仕事をしているような、妙な興奮を覚え、仕事が大変はかどった。

余談だが、高齢男性の存在は最後まで謎であった。店が雇用しているのか、あるいは勝手に案内しているのだろうか。ただ、私が退店後にビルを撮影していたところ、高齢男性は私のときと同じように、欧米系の女性２人組に対してカフェの場所を案内していた。もし高齢男性が毎日座っているのだとしたら、まるでロールプレイングゲームの世界である。

ところ変わって日本、東京の御徒町(おかちまち)にあるハンバーガー店は、清涼飲料水の「自動販売機」が入り口というユニークな店だ。噂を聞いた私は、実際に足を運んでみたが、ドアの見た目は自動販売機そのもの。店の場所を知らなければ、確実に通り過ぎていたであろう。

入り口の前には20代と見られる女性が立っていた。自動販売機を指さして「ここですか?」と尋ねると、「はい。そこから入ってみてください」といわれた。恐る恐る「自動販売機」を手前に引くと、目の前にやや急な階段が現れた。２階に位置する店は、ステッカーやポスターが至る所に貼られており、椅子やテーブルにはコカ・コーラのロゴが入っている。アメリカンな雰囲気で、分かりやすいコンセプトだ。明るいスタッフが多く、接客は心地よい。

私は女性スタッフがすすめてくれたハンバーガーを注文。適度に歯ごたえのあるパティと食欲をそそるソースの組み合わせが絶妙だった。スタッフに「入り口が分かりにくいと通り過ぎる人も増えますよね」と聞いてみた。すると「それはそうですが、来てくださった方がSNSで広めてくれるので大丈夫です。最近では海外のお客様も増えました。みなさん(入り口が分からないことを)おもしろがって来てくれるんです」と話してくれた。

ここで、対照的な戦略を採用する店も紹介しておきたい。同じく御徒町のコーヒースタンド「コーヒー・バイ・ジャラーナ」である。扱うのはオリジナルブレンドのコーヒーやクラフトビール。外のカウンターから注文するスタイルだが、店内のカウンター席に座ることもできる。店内には2カ所から入ることができ、ドアはない。ある意味では360度オープンなわけだ。カウンターの内側には「気楽に楽しもう!」と書かれたステッカーが貼られており、店のオープンなスタンスが伝わってくる。

運営するのは老舗アパレル店「ジャラーナ」だ。コーヒースタンドに隣接しているというよりむしろ店同士がつながっており、カウンター席からすぐにアクセスできる設計になっている。

マネージャーの槇伸一郎氏によると、アパレル店の認知度を高める目的で、2021年9月にコーヒースタンドをオープンさせたそうだ。私が訪問したのは平日の夜。外国人観光客や日本人の通行人が2〜3分おきに立ち寄り、生ビールやホットコーヒーを注文していく。

槇氏は「開放的な店なので、お客さんによく見つけてもらえます。周りの目があるため、店でトラブルも起こらない。ここをきっかけにアパレルのほうを知ってもらえるし、アパレルをきっかけにここを知ってもらえる。いい循環が生まれていると思います」と笑顔を見せた。立地や目的によっては、こうした戦略も検討の余地があるだろう。

ラグジュアリーブランドや高級車、高級レストランでは一般的に、商品の価格が上がれば上がるほど、ブランドのロゴやエンブレムのサイズは小さくなる傾向にある。ブランドへのエンゲージメント（愛着心や深い関係性）が高まると、顧客は自らのステータス誇示を避けるようになる。とはいえ、まったく気づかれないことにも、やや抵抗がある。「全員に伝わらなくていいけど、自分が『違いが分かる人間』だということを、分かる人には理解してもらいたい」といった心理であり、だからこそブランドとのかかわりを、さりげなく示すのだ。プロスポーツチームのコアなファンのなかには、目立つレプリカユニフォームではなく、チームカラーと同じ色のソックスなどをさりげなく身につけることでチームへの連帯を示す人もいる。これも同様の心理といえる。

看板がない店や入り口が極端に分かりにくい店に通う客も同様だ。彼らは「自分は隠れた店を知っている特別な存在だ」と感じ、秘密結社的な興奮を覚える。ここで紹介した事例は、こうしたニーズを持つ人々に対して、興奮を提供する存在なのだ。

オンラインに頼らない

前章でも触れたビッグテック経済圏に頼らない店は、近年特に目立つようになった。特徴として、常連客を大切にする店主が多いことが挙げられる。

私が以前訪れた国内のバーは、どういうわけか地図アプリに出てこなかった。店名で検索してもネット上にほとんど情報がなく、オンラインレビューも存在しない。私はレビューを過度に気にするリスクについて、これまで執筆や講演を通して警鐘を鳴らしてきたが、そもそもレビューが存在しないのは新鮮な体験である。

このときは常連客に案内してもらったのだが、繁華街の雑居ビル上層部分に入居しており、看板は確認できなかった。広さは25～30坪ほどであろうか。音の巡りを計算しているようで、ＢＧＭが四方から降ってくるような心地よさを感じる。客のひとりに話を聞くと、「ここは音がいいんです。席によって音の聞こえ方が違うので試してみてください」と笑顔で教えてくれた。

店主になぜ地図アプリに出てこないのか、なぜネット上に情報がほぼ存在しないのかを尋ねたところ、「あらゆる策を講じて削除している」と明かした（諸事情により具体的な手法は書けない）。現代においては不可能とも思えるが、現にこの店は実現できている。周囲の雑音に惑わされずに、純粋にお酒と音を楽しんでほしいという店主の想いが伝わってくる。

実際、店内でスマートフォンを使う客はほとんど見られなかった。オンラインに頼らないことは、すなわちリアルな世界の今この瞬間を楽しんでほしいというメッセージであり、客もこうした店主の意図を理解した上で訪問しているのだ。

私が大阪で新聞記者をしていたころ、同業他社の仲間とバーに行った。上司から電話があったので外に出て対応したあと店に戻ると、「バーに来ているときくらいスマホを手放してゆっくり楽しみましょうね」などと冗談めかして書かれたメモが、キャラクターのフィギュアと共に置かれていた。思わずクスッと笑ってしまったが、それができない職に就いたことをすこしだけ呪った。「今この瞬間を楽しむのは大切なことだよなあ」と感じたことを覚えている。

私の知人が営む家庭料理を売りとする店は、常連客で連日賑わっている割に、オンラインの口コミ数が極端に少なかった。SNSで検索しても情報がほぼ出てこない。あるとき、店主にその理由を尋ねた。すると「よくSNSをやっている常連さんには、お店のことをSNSで書かないでほしい、口コミサイトに投稿しないでほしいと伝えている」と明かした。オンラインの情報量が増えることは、「うちみたいな店にとってあんまりいいことがない」という。この店は場所が極めて分かりにくく、飛び込み客の来店は考えにくい。オンラインの情報量さえコントロールすれば、常連客にゆっくり楽しんでもらえる今の状態を続けられる。こうした意図のもとで、店の雰囲気をつくり上げている。

ある理髪店は、休店日情報を除きネット上でいっさい情報発信していない。最近では理髪店特有のポールサインさえ撤去した。私の取材に店主は「新規のお客さんのカットはどうしても時間が余計にかかってしまう。それによって常連さんに迷惑をかけることが何度かあって、リニューアルのタイミングでポールサインを撤去した。うちは常連さんに支えられている店ですから」と語った。

常連客だけで回っている店の場合、オンラインでの露出は確かにリスクともいえる。万が一炎上でもすれば、これまで培(つちか)ってきた雰囲気やビジネスが崩壊する可能性もあるからだ。その意味で、オンラインに頼らないことは合理的な戦略といえよう。

場所を公表しない

先日、拙著『マーケティングZEN』（日本経済新聞出版）の取材でお世話になった坂矢悠詞人氏と東京でばったり再会した。坂矢氏は類稀なるセンスの持ち主で、石川県内で完全会員制の紅茶カフェ（後述）、アパレルセレクトショップ、香水専門店を経営する傍ら、雑誌出版にも携わる。尖ったコンセプトに商品力、坂矢氏とスタッフらのプレゼンテーション能力の高さにより、どの店舗も業界では抜きん出た存在となっている。

前回の取材のお礼を伝えたあと、「最近何か新しいプロジェクトはありませんか？」と尋ねると、「1日3組限定、完全予約制のセレクトショップを立ち上げた」と教えてくれた。ウェブサイトはなく、連絡先、予約方法、そして住所も表向きは非公表だという。なんと尖ったコンセプトなのだろう。私は強い関心を抱いた。「近いうちに遊びに行かせてください」。そうお願いし、その日は別れた。

数カ月後、石川県内某所の店舗を訪れた。店名は「5ton（5トン）」。店の前にシンボルとして鎮座する重さ5ｔの巨石が、店名の由来である。

2階建ての店は、ゆったりとした陳列で開放感がある。薄い桃色の漆喰を使用した部屋では、カシミヤのジャケットが桃色の背景に映えた。別のスペースにあった、タグを紅茶で色づけした上着は、存在感抜群だった。店全体が、採光窓から入る光に優しく包まれていた。この心地よさは何だろう。そう思っていると、坂矢氏は「実はこの店にはひとつも照明がないんです」と説明した。

以前、坂矢氏が営むセレクトショップで、ある著名服飾デザイナーの服を扱っていた。しかし、海外に買い付けに行った際に見たときと印象が異なる。いろいろと試してみた結果、自然光のもとで見ることで、服本来のエネルギーや魅力を感じられることが分かった。「服本来の魅力を伝えられるような店をつくりたい」。そう考えた坂矢氏は、照明を入れない店づくりを決心する。それが、5トンとなった。

照明がないため、日が短い冬は夕方になると営業できない。店のコンセプトや服のストーリーを丁寧に説明するため、接客に時間がかかる。どうしても1日3組が限界というわけだ。客は基本的に坂矢氏の知人、もしくは紹介である。

予約方法や連絡先、住所を公表すれば、顧客数と売り上げは増えるだろう。しかし坂矢氏は「服と人にも相性がある。僕はその橋渡し役をやっているんです。そのためには一人ひとりとしっかり向き合い、各ブランドのストーリーや服のディテールを時間をかけて伝えなければならない」と語り、顧客数を増やすことには否定的だ。それでも、全国、時には海外からもコンセプトに共感したゲストが、坂矢氏との対話と買い物を楽しむために訪れる。

必ずしも坂矢氏自身が意図しているわけではないが、予約方法や連絡先、住所を非公表にすることで、店の敷居は高くなり、客に「自分だけが知っている」という優越感を与える。また、店のコンセプトに共感した客が優良顧客を紹介してくれる好循環が生まれる。

実は5トンのように、場所を公表しない、または広くは伝えない店が増えている。前項で紹介したバーもそうだ。他にも、紹介だけで成り立っている国内のある店は、申し込みが完了してはじめて住所を明かす。

魅力あるスモールビジネスで、経営的に成り立つ算段があるのなら、こうした戦略も有効といえよう。

完全会員制

日本には古くから「会員制」や「一見（いちげん）さんお断り」の飲み屋が多数存在した。現代においても、多くの歓楽街でこうした店を目にする。

ここで紹介するのは、新しい「完全会員制スモールビジネス」である。石川県加賀（かが）市の会員制紅茶カフェ「TEATON（ティートン）」は、興味深いシステムを採用している。完全会員制で、かつ入会方法が非公表なのだ。実はティートンの仕掛け人は、前出の坂矢氏である。会員になる方法を本人に質問したところ、「ヒントは店のインスタグラムです」とだけ教えてくれた。

私がはじめて訪れたときは、レンタカーを利用した。公共交通機関でアクセスするのが難しい立地だからである。石川県金沢（かなざわ）市中心部から高速道路を使って車で40分ほど走ると、県道沿いに突然ミニマルなコンクリート造りの建物が現れる。ここが噂のティートンだ。周囲は田園風景が広がる長閑な環境で、現代的な建物とのギャップがおもしろい。

入り口は常に閉ざされている。会員がお茶をしたいと思ったなら、ドアの横にある端末に会員カードをかざし、解錠する必要があるのだ。なお、会員に同伴する形であれば、非会員も入店できる。

店内は東南アジアの離島にあるリゾートホテルの雰囲気に近い。リラックスして座れる椅子がゆったりとした間隔で配置してある。「たとえ薬をきらしても、紅茶をきらすな」を合言葉にしているだけあり、紅茶の種類は多く、またこだわりも尋常ではない。店員さんに相談しながら選ぶのが吉だ。

私は石川県に用事がある際にティートンにも立ち寄っているが、毎回オーガニックの紅茶に、グルテン、白砂糖、ラクトースフリーのスイーツを合わせる。手入れされた庭を見ながらゆったりとした時間を過ごすと、心身が整っていくのが感じられる。店内にはスタッフを除けば、店と直接つながっている人物、またはその知人しかいない。不思議な安心感、連帯感がある。

ティートンには現代的な「茶室」もあり、また、不定期でアート作品の展示会や音楽イベントを開いている。紅茶やスイーツ、展示会、イベントを目当てに、会員らは足繁くティートンに通う。

完全会員制で、しかも会員になる方法が分からない。カフェでここまで間口を狭めた店も珍しいだろう。しかし、この関門をクリアした先には、居心地のよい整った空間が待っている。会員になった者は、優越感を覚える。

スモールビジネスがこうした戦略を成功させる上で、外せない条件がある。店主のカリスマ性である。『広辞苑（第七版）』は、カリスマを「多くの人を心酔させる資質・能力。また、その持ち主」と説明する。人を魅了し、惹きつけ、影響を与える。店主がそんな魅力を持った人物であれば、店主に会いたい、または店主のセンスに触れたいという会員希望者が殺到する。

西日本の某都市にかつて存在した完全会員制のアパレルセレクトショップもそんな店のひとつだ。数十年続いたこの店は、店主が認めた客しか会員になることが許されなかった。例外はない。そして一度会員になった客は、店主のカリスマ性に惹かれ、店に足を運び続けた。

ただ、完全会員制のスモールビジネスは、本章で紹介する戦略のなかでもっとも難易度が高く、安易に手を出すべきではない。会員制でスタートしたにもかかわらず、あとになって会員制を取りやめることは、ブランド力の低下につながる。いっぽうで、成功した場合は安定経営が実現する。もし店主にカリスマ性があり、つながりも多いのであれば、一考の価値がある戦略といえよう。

スケーター経済圏とは

私はスケーター（スケートボードに乗る人のこと）の友人が多いが、彼らは買い物する際、必ずスケーター仲間の経営する店を利用する。友人のひとりに、「何で仲間の店で買い物するの？」と尋ねたことがある。「仲間の店で買うのは当然でしょ」とシンプルな回答だったが、彼らはもれなく「スケートシーンを盛り上げたい」という共通の想いを持っている。

「想い」を「パーパス」といい換えてもよい。このような、スケーター仲間らがつくり出す経済圏を「スケーター経済圏」と呼ぶ。（おそらく）私が発見した概念で、拙著『マーケティングZEN』ではじめて紹介した。

こうした経済圏や、そのコミュニティーは、明確に可視化されないことが多い。緩

図８　店と客がつくるスケーター経済圏

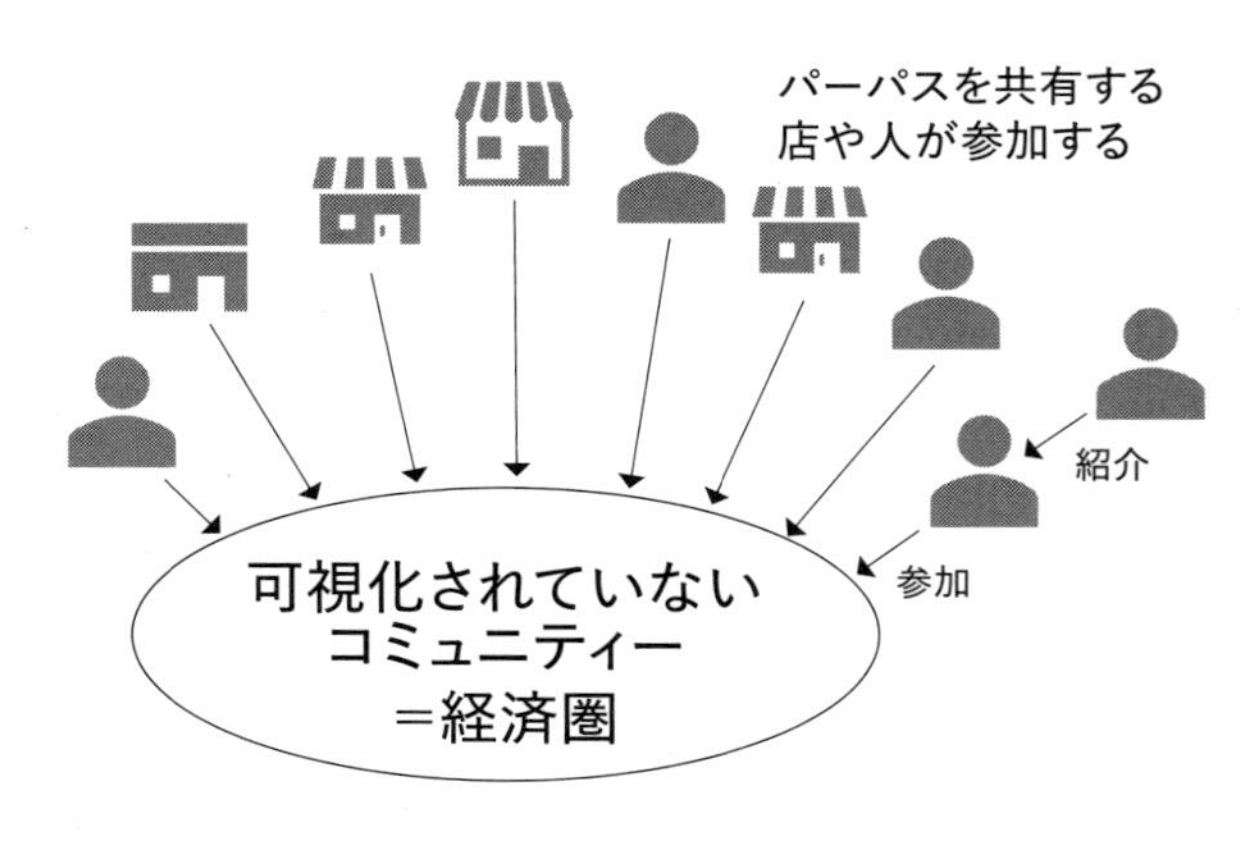

い紐帯としてお互い見返りを求めずに助け合い、スケートシーンを盛り上げるために努力する。

これに近い概念が、スモールビジネスの世界にも存在する。「業界を盛り上げる」や「愛する地域を盛り上げる」といったパーパスを持つ者が緩く連帯し、お互い助け合い、また経済圏を生み出す。本書では、スモールビジネスの世界のこうした経済圏についても、その性質から「スケーター経済圏」と呼ぶこととする（図８）。

スケーター経済圏のコミュニティーは、似たセンスを持つ者同士で構成されることが多い。仮に、「地域を盛り上げるため」

という共通のパーパスを持つスモールビジネス経営者が同地域に何人かいたとしても、それぞれのセンスが異なれば地域を盛り上げるためのアプローチも異なる。そのため、センスの異なる人は別の経済圏やコミュニティーに属することになる。

時には、客自身もコミュニティーメンバーの一員となり、いい意味で経済圏に組み込まれるケースも出てくる。客自身が「業界を盛り上げる」「愛する地域を盛り上げる」などといった店側のパーパスに共感した場合である。

スモールビジネスも商売である以上、さまざまな客の相手をする。客商売であれば、誰に対してもまずはしっかりと接客するのは当然のことだ。そのなかでも、店主が特に「このお客さんは自分たちが目指す世界観に共感してくれそうだ」「この地域を本当に愛してくれている」などと感じた場合、同じコミュニティーの別の店を紹介するケースがある。

こうしたコミュニティー内では「出会い方」が重要となる。「○○の紹介」という入り方だと、初対面でも深いコミュニケーションが生まれる。同じ店でも、入り口が異なれば違った店となる。店主はいつだってパーパスに共感してくれる客を待っている。出会い方が変われば、客は、客ではなくパーパスを共有する「同志」となるのだ。

先述の通り、こうしたコミュニティーは可視化されていない「見えないコミュニティー」であり、見方を変えれば「看板がない」「場所非公表」と近い存在でもある。コミュニティーの一員となった客は、喜びを覚える。もともと地域外に住んでいながらも、見えないコミュニティーの一員となった結果、移住を決めた人を私は何人も知っている。

スケーター経済圏の立地条件

私は移住しないまでも、パーパスや世界観に共感した結果、コミュニティーのメンバーを紹介してもらえた経験が何度もある。海外でもっとも印象深かったのが、ポートランドだ。

ポートランドの「小商い」的な世界観に魅了された私は、現地で日本から持ち込んだスケボーをプッシュしながら、連日いろんな店を巡っていた（ポートランドの道路にはスケボー専用レーンがある）。確かＺＩＮＥ（個人やグループが自主的に発行する出版物）

を扱う書店だったと記憶しているが、何冊か購入したあとに店主と世間話をしていると、購入した本の組み合わせに感じる部分があったのか、店主が「あなた、アートに興味はある?」と口にした。「もちろん」と伝えると、「明日このギャラリーでレセプションパーティーがあるの。私も参加するからよかったら遊びにいらっしゃい」と誘ってくれた。

翌日、教えられた場所に行くと、そこにはポートランドのアート関係者やスモールビジネス関係者が大勢集まっていた。誘ってくれた店主は、そこにいた人々を次々と紹介してくれた。パーティーの出席者のひとりが、雑談のあとに「ここはおもしろいから行ってみるといいよ。あなたが行くことは伝えておくから」と話し、ある場所を紹介してくれた。

翌日、教わった住所へ向かうと、そこには集合住宅があった。教わった部屋番号の重い扉をゆっくり開くと、そこは工房のようになっており、各人が革製品の小物をつくったり、香水を混ぜ合わせたりしている。調香師の男性は、「お客さんに合わせてつくっているんだ」と語り、私のために調香した香水を小瓶に入れてくれた。

ポートランドでは連日こういった調子であった。店のコンセプトに共感すると、誰かを紹介してもらえる。数珠つなぎで知り合いが増えていく。まさにスケーター経済圏である（ただし、ポートランドに詳しい研究者によると、現在は中心部でホームレスの数が増えるなど、場所によっては状況が変わってきているという）。

「東南アジアのポートランド」と呼ぶにふさわしい都市がある。インドネシアの西ジャワ州に位置するバンドンだ。急成長するインドネシア各都市と同様、ここバンドンも人口が急増している。バンドンは歴史的背景から強固なカフェカルチャーが根付いており、世界でも例を見ないほど、挑戦的なデザインやコンセプトのカフェおよびロースタリーが多い。

他方、インディペンデントなアパレル、雑貨ブランドも次々と誕生しており、移住者の急増もあいまって、さながら「東南アジアのポートランド」の様相を呈している。コミュニティーがあり、数珠つなぎで人と出会える点もポートランドに近い。

バンドンの中心部から外れた場所にあるカフェは、小高い場所に立っており、吹き抜ける風が心地よい。敷地の半分ほどが中庭のようになっており、スターフルーツの木がカフェのシンボルだ。私が訪れた際、コピーライターをしているフリーランサーがパソコンと向き合っていた。

このカフェを経営する男性は「ターゲットはずばりフリーランサー。午後になるともっと増えてくるよ」と笑顔で語った。ローカルの友人によると、ジャカルタなどのフリーランスクリエイターが、近年数多くバンドンに移住しているという。両都市は鉄道や乗り合いワゴンなどで結ばれており、アクセスは比較的よい。２０２３年には高速鉄道も開通した。

２０１９年11月の滞在では、新しいコワーキングスペースをよく目にした。定宿のすぐそばにも新たにオープンしており、夜遅くまで大勢のフリーランサーたちがパソコン作業に没頭していた。西ジャワ産のコーヒーでカフェインを摂取しながら、夢に向かって努力しているのだ。

なぜ移住者が増えたのか。先ほど登場したカフェ経営者は、私の取材に対し「物価」「気候」「文化」の３つを挙げた。

バンドンは首都ジャカルタと比較して物価が低い。私の感覚だと、宿泊費や食費、コーヒー代はジャカルタの3分の2かそれ以下だ。生活コストは比較的低く抑えられる。

また、山々に囲まれたバンドンの気候は、一般的な東南アジアのイメージとは異なる。日中は多少の暑さを感じるが、朝晩はすこし肌寒い日もあるほど。かつて「ジャワのパリ」と呼ばれ、植民地時代にオランダ人比率が高かったことからもその過ごしやすさがうかがえる。

そして文化。これがフリーランサーをひきつける最大の要因ではないかと、カフェ経営者の男性は語る。バンドンほどさまざまな顔を持つ都市を、私は他に知らない。

インディペンデントなアパレルブランドが多数存在するバンドンは、まさに「ファッションの街」。ふらりと入ったアパレルショップで手にしたバッグには、「中国製ではない。インドネシア製です」というタグが縫い付けられていた。Tシャツ、ジャケット、デニムパンツ、革靴、バッグ。実際に手にとって見るとその品質の高さ、職人の仕事の丁寧さに驚かされる。

アンダーグラウンドミュージックやクラブミュージックの人気も高い。週末は夜遅くまでダンスクラブが賑わう。ストリートカルチャーもしっかりと根付いている。スケボーショップにはカラフルなボードが並び、街角でスケボーを抱えた若者の姿をよく見る。

学術都市としても名をはせるバンドンには、国立の名門大学をはじめ高等教育機関が多く立地する。その影響か、人口に占める若者の比率が高い。さまざまな文化が交じり合い、新たなアイデアが生まれていく。こうしたカルチャーミックスが、意欲的なスモールビジネスを生み、さらに街に活気が出る。

世界中のスケーター経済圏を俯瞰すると、実は「物価の安さ」「気候のよさ」「文化」を兼ね備えた地域が多い。こうした地域はスモールビジネスを立ち上げる土壌が整っているといえるのだ。

間口を狭める戦略のリスク

これまで解説してきた間口を狭める戦略は、誰もが採用できるやり方ではなく、またリスクが大きいことを本章の最後で強調しておきたい。

まず、間口を狭める戦略を採用する店は、店自体が硬直化したコミュニティーとなるケースがある。そうすると、「あの店は排他的だ」と外部からの批判にさらされることも出てくる。

とはいえ、良質なコミュニティーであれば、紹介などを通して適度に新陳代謝が進むので、コミュニティー自体が硬直化することはない。似たような批判を受けたとしても、気にする必要はない。自身のパーパスを見失わず、共感してくれる顧客がいれば、万人の期待を満たそうと考えるのは不毛であり、争わずにうまくやり過ごすのが正解だ。

間口を狭める戦略を採用している時点で、ターゲットとする客のおおよそのイメージがあるはずだ。それ以外の層から批判を受けたとしても、まっとうな商売をしているのであれば気にする必要はない。

次に、スモールビジネスの経験がない状態でこの戦略を採用したとき、まったく集客できないリスクが出てくる。地方都市に立地する某バーは、週末こそ賑わっているものの、平日は集客に苦しんでいる。コロナ禍をきっかけに消費者行動は大きく変化し、二次会文化が薄れつつあるのだ。しかもこの店は看板がないため、客が偶然見つけてくれる可能性がほぼゼロである。

本章でチェンマイのバーを紹介したが、同じチェンマイ市内の別のバーは、入り口がホテルの敷地内にあり、こちらも知らなければたどり着けない。内装はチェンマイの伝統的な家屋を模したような印象的なデザインだったが、私が訪問した際、客はゼロだった。スタッフらは全員座って暇そうにスマートフォンをいじっていた。ミクソロジーカクテルの質は高かったが、スタッフに覇気はなく、居心地が悪かったので、1杯だけ飲んで店を出てしまった。

間口を狭める戦略は、十分な数の固定客を抱えていなければ、そもそも経営が成り立たない。大前提として、第3章で紹介したスモールビジネスを長続きさせる取り組み、たとえば「確固たるコンセプト」や「店主のキャラクター」、「顧客との良質なコミュニケーション」といった部分を意識する、または磨く必要がある。土台が整っていないにもかかわらず採用すべき戦略ではない。

間口を狭める戦略を採用する店を注意深く観察すると、店主自身にリーダーシップやブランド力があるケースが目立つ。いずれも時間をかけて育まれるものだ。その意味では、スモールビジネス経営の経験がゼロの状態では、間口を狭める戦略の成功確率は著しく下がる。

しかしながら、うまくいけば店の格を高め、客層をコントロールでき、安定した売り上げにつながる。このようなスモールビジネスの理想形を目指すならば、勇気を出して挑戦する価値のある戦略といえよう。

第5章

スモールビジネスの未来

「意味の消費」の受け皿へ

本章では、スモールビジネスの未来を先取りしている国内外の実例を紹介しながら、これからのスモールビジネスの姿を考えたい。そもそも、スモールビジネスの未来はユートピアなのだろうか。それともディストピアが待っているのだろうか。

長年欧米の小売業界の最前線を取材・研究し、モバイルアプリプラットフォーム企業「ヤプリ」で専門役員を務める伴大二郎(ばんだいじろう)氏は、「間違いなく明るい」と断言する。

その理由につながる現代の消費者行動について、伴氏は「大きく2つに分けられる」と整理する。すなわち「補充の消費」と「意味の消費」である(図9)。

前者は、食品や衣類、洗剤などの生活必需品を「補充」するための買い物行動である。規模の経済とAIがもたらす効率化により、買い物の利便性は高まり続けている。アマゾンが採用している「定期便」のシステムが最たる例だ。こうした分野に投資できる大手小売チェーンや大手ECプラットフォームは強い。消費者にとっては、もはや「買い物」ではなく、消費したものを「補充」する感覚である。

これに反するように、買い物に意味を見出す消費行動が若者を中心に活発化してい

図9　消費者行動の2類型

補充の消費	意味の消費
生活必需品を補充するための消費	社会的意義のある消費 ストーリーや価値を理解した上での消費

る。先ほどの「意味の消費」である。伴氏はひとつの例として、アメリカ・ロサンゼルスを拠点とする高級スーパー「EREWHON（エレウォン）」の取り組みを挙げる。エレウォンでは、ロサンゼルスのセレブやタレントとコラボしたオリジナルスムージーを、1杯3000円程度で販売している。売上の一部は、コラボしたセレブやタレントが推奨する寄付団体に寄付される。けっして安くはないが、彼らのファンがこの仕組みに社会的意義を感じて購入するわけだ。

　こうした取り組みの結果、エレウォンのブランド力は向上し、ラグジュアリーブランド「BALENCIAGA（バレンシアガ）」とコラボしたTシャツやバッグが発売されるまでになった。

伴氏は、意味の消費が今後さらに広がっていくことを念頭に、スモールビジネスは買い物行動に意味を持たせていくべきだと主張する。ビッグビジネスと安売り競争をしても勝てない。スモールビジネスにはスモールビジネスの戦い方があり、地域に根ざしながら意味の消費を訴求する必要があるという。具体的には、社会的意義のある買い物行動を促すことや、商品のストーリーや価値をしっかり伝えることが考えられる。そうすることで、スモールビジネスは意味の消費の受け皿となれる。

スモールビジネスの未来は明るい

他方で、「どこでも買えるもの」を扱っても、スモールビジネスはうまくいかないと伴氏は指摘する。たとえば小さなセレクトショップをイメージしてみよう。ターゲットを狭めることで独自の世界観を生み出すことは可能であり、共感した客が商品を購入してくれることはあるだろう。しかし、同じ商品がより安い価格で販売されているのをネット上で発見したとき、客はどう思うだろうか。化粧品も同様で、一度は実店舗で購入するかもしれないが、次回からはより安いＥＣサイトで購入する消費者は多いはずだ。伴氏は「現代のセレクトショップは、どこでもある人気商品、売れそうな商品を中心に扱っている。なかなか他では買えないものを独自の哲学にもとづいて集めるのが本来のセレクトショップの役割。店の目利き力が弱まっている証左だ」と分析する。

では、スモールビジネスはこれからどうしていくべきか。伴氏は「希少性」「カスタマイズ」をキーワードに挙げる。限られた場所でしか取り扱っていない、または少量しか生産されていない商品は、希少性がある。わざわざその店で購入する価値があり、店のブランド力も高まる。

東北地方に私が愛してやまない民藝品店がある。店主は全国各地の職人と関係性を構築しており、直接仕入れている。ある職人による特殊な技法の器は、滅多にお目にかかれない品で、店頭で見つけたときは迷わず購入した。希少性に惹かれたわけだ。

カスタマイズは、たとえばパンツの裾上げや名入れといったサービスが考えられる。

私は以前、店頭でとある伝統工芸品を購入した。その際、伝統工芸品を収納できる、和柄の布で仕立てたオリジナルの袋を自由に選べた。特別感があり、その店へのエンゲージメントが高まった。この例もカスタマイズに含まれる。

このような現代の消費者行動をふまえ、伴氏が「スモールビジネスの未来は明るい」と考える理由は、次の4つだ。

第1に、先述の「意味の消費」との相性のよさである。スモールビジネスは、尖ったコンセプトを打ち出したり、ターゲットを狭めたりすることで存在意義を高める。これは店や商品、買い物行動への意味づけを容易にする。

第2に、スモールビジネスの武器が増えたことである。かつてスモールビジネスは情報発信や販路開拓が難しく、狭い商圏でコツコツ戦うしかなかった。しかし世の中のデジタル化が進み、直接顧客とコミュニケーションを取ったり、直接販売したりする手段が増えた。伴氏は「自分たちの価値を明確化し、それを発信していける世の中になった」と指摘する。

第3に、販路拡大が容易になったことである。かつて、大手スーパーマーケットに行くと、商品棚に並んでいるのは大手メーカーの商品がほとんどであった。しかし伴氏によると、特にアメリカにおいて近年、商品の構成に変化が見られる。独立系の新興ブランドの商品が、棚の半分を占めることもあるというのだ。

ブランドが直接消費者とコミュニケーションを取れるようになった結果、認知獲得が容易になった。大手小売業者としては、意味の消費を促したり他店との違いを出したりする目的で、こうしたブランドとの取引を増やしている。つまり、スモールビジネスの販路拡大の余地が大きくなっているといえる。こうしたブランドは数人で運営しているケースも多いが、大手小売店と取引することで、客とのコミュニケーションに割ける時間が増える。伴氏は「小さなブランドと大手小売店とのパートナーシップは今後さらに強くなっていくだろう」と分析する。

第4に、「中価格ラグジュアリー」市場の存在である。1着100万円するような服の市場には成熟したブランド価値が必要であり、また低価格帯衣料は競合が多い。いっぽうで、アパレルでいうと5〜10万円の価格帯、つまり「適度にラグジュアリー」なジャンルは「意味の消費」の市場としてはまだ発展途上で、新しい価値の提案で各ブランドがしのぎを削っている。先述したエレウォンのスムージーは中価格ラグジュアリーであり、すっぽり空いたこの市場を席巻した。伴氏は中価格ラグジュアリーが「スモールビジネスと相性がよい市場」と強調する。スモールビジネスが得意とする丁寧な仕事は、商品・サービスに価値づけしやすい。「ストーリーや体験を組み合わせることで十分戦える」と伴氏はアドバイスする。

消費者行動の劇的な変化に、ビッグビジネスは苦しんでいる。他方、時代はスモールビジネスを求めている。伴氏のいうように、スモールビジネスの未来は明るい。

自動化・無人化の反動とラグジュアリー化

便利な世の中になるにつれ、感情を爆発させる場面が減った。私がスマホを持たずに旅したバックパッカー時代は、国際線に乗るのにもひと苦労だった。チケットは現地の怪しげな旅行代理店と値下げ交渉の上で購入し、また航空会社への電話でのリコンファーム（予約の再確認）に四苦八苦した。インドではぼったくりと喧嘩し、タージ・マハルの発光しているかのような白さに目を奪われた。目の前の出来事一つひとつに驚き、怒り、感動した。生きているという実感があった。

しかし、スマホで航空券や宿の予約が簡単にできる今、海外出張は東京出張とさほど変わらない感覚になった。苦労は減ったものの、生きている実感を覚える場面は格段に減った。

外食も同様だ。二次元コードを読み取ってのスマホ注文や自動券売機が当たり前となった。人手不足だから仕方がない部分もあるが、なんだか味気ない。そして、不思議とそういった店には通っていない自分もいる。どれだけ料理が美味しくとも、なぜか感動はない。

人間らしい感動を求める人々は、しっかりとしたサービスや体験を求めて高価格帯の市場に集まっている。以前、サッカーのイングランド・プレミアリーグの試合を観戦したことがある。クリスタルパレスのホームゲームで、「ホスピタリティーチケット」と呼ばれる、コース料理とドリンクが含まれるチケットを購入した。

入場口は通常チケットとは異なり、またキックオフ前の早い時間から専用の部屋で飲食できた。食事の最中にはクラブの伝説的プレーヤーが登場したり抽選会があったりと、正午ごろから午後6時近くまで楽しめる。プレミアリーグの試合を映像で観戦したことは何度もあるが、スクリーン越しに観るのとは根本的に異なる、人の顔が見えるラグジュアリー体験であった。

『ラグジュアリー戦略』（J・N・カプフェレ、V・バスティアン著、長沢伸也訳、東洋経済新報社）は、ラグジュアリーな物品について「長持ちするもので、かつ、年月が経つにつれて価値が出てくるもの」と論じている。また、ラグジュアリー製品については「手づくりされ、人から人に対面販売される」ものであると説明。ラグジュアリーは「独自」であることが重要で、創造的なアイデンティティーや、内から湧き出るクリエイターの情熱を表現したものとも説明する。

これは、スモールビジネスの世界観と完全に一致する。そもそも、ラグジュアリーブランドもスモールビジネスからスタートしている。スモールビジネスとラグジュアリーは本質的には同じものなのだ。

ところが、現代において、スモールビジネスという響きからラグジュアリーさは伝わってこない。また、商品への価値づけも十分とはいえない。

とはいえ、ラグジュアリー産業に近いアプローチのスモールビジネスも増えつつある。将来、スモールビジネスはラグジュアリーに接近していくだろう。

キーワードは「贈与」

２０２４年９月、仕事でサモア独立国に滞在した。南太平洋ポリネシアに位置するサモアは、外務省のウェブサイトによると、国土面積が２８３０㎢（東京都の１・３倍程度）で、人口は約22万人。ポリネシア系であるサモア人が90％を占め、他ヨーロッパ系、メラネシア系、中国系などの民族が居住する。

私にとってははじめてのサモア滞在だったが、当初は戸惑うことが多かった。まずネット環境が厳しい。事前の調べではｅＳＩＭが使えるとのことだったが、現地ではどういうわけかまったくつながらなかった。結局、空港でボーダフォンのＳＩＭカードを購入。速くて安いのはいいが、テザリングができない。滞在したホテルのＷｉ－Ｆｉはメールチェックすら困難な速度で、追加料金を払って「ハイスピードプラン」を使ったが、それでも仕事にならない。結局パソコン作業はあきらめた。

交通事情にも驚かされた。まず、信号機が全国に数えるほどしかない。一般車やタクシーは、郊外の道でも時速30㎞しか出さない超安全運転。移動に思ったより時間がかかる。

物価は、現地の経済感覚からすると高水準だ。水1ℓが100円程度、コーラ600㎖が250円ほどする。時期にもよるが、私が滞在したホテルは1泊2万円超。公共交通が発達していないサモアで活躍するタクシーは、空港から市内まで40分程度の乗車で4000円を超える。ただし、サモアの一般の人たちがホテルやタクシーを利用する機会は少ないという。

国際機関「太平洋諸島センター」のウェブサイトでは、サモアを次のように説明している。

「素朴で伝統的なポリネシアの慣習を守って生活している代表的な国」

「多くの南太平洋の国が（中略）独自の伝統を維持することが困難になっているが、サモアは、自給自足経済への依存度が高く、本来の伝統をもっとも色濃く残している」

あるとき、友人になった現地のタクシードライバーとレストランに入った。すると、私が注文したナチョスの皿をなぜか友人が受け取り、私の席には友人が注文したフィッシュアンドチップスが回ってきた。友人は当然のようにナチョスを食べ始めた。一瞬頭がついていかなかったが、あきらめてフィッシュアンドチップスを食べた。どこかで皿を交換してくれるのかな、などと考えていたが、友人はナチョスをそのまま完食した。

サモアには「所有」という概念があまりない。家にあるものはみんなのもの。困ったときはお互い様で、当然のようにものや食料を分け合う。見返りを求めない行動により、社会が成り立っている。

海外からの送金や観光業の発達もあり、サモアにも貨幣経済が浸透しつつある。しかしながら、首都アピアを除く国民の多くは今も農業や漁業に従事しており、NGO関係者や地元住民は私の取材に「自給自足で生活している人も多い」と説明する。

サモアの人々はおおらかで、人懐っこくて、幸せそうだ。はたして貨幣経済が幸せに直結するのかどうか、深く考えさせられる。

私はこれまで世界中を巡ってきたが、これほどおおらかな国民性の国を他に知らない。朝、小鳥やニワトリの鳴き声で起き、家事や農作業をして、昼は「ファレ」と呼ばれる壁のない柱と屋根だけの建物で、仰向けになって昼寝をする。それからまたすこし仕事をして、夕方は外でバレーボールをしたり歌ったりして過ごす。娯楽は少なく、せいぜいビールを飲んだり釣りをしたりビンゴゲームを楽しんだりする程度だ。こうした環境だが、誰もが満たされている。

滞在中、ふと考えた。私はマーケターだ。しかし、マーケターとしてこの国で何かできることがあるのだろうか、と。答えは明白で、できることなど何もないし、何もすべきでないのである。

誰に、どうやって物を売るのかを考えるのがマーケティングの基本だ。しかし、そもそも物がないし、ニーズがあるかもあやしい。自給自足経済のなかで無理やり何かを売ろうとしても、不幸を生むだけだ。

贈与のハブとしてのスモールビジネス

翻って日本の市場を見てみると、はたして、本当に必要な商品やサービスはどれだけあるのだろうか。今や「不安を煽るマーケティング」が世の中を覆うようになった。電車内の広告や屋外看板、ＳＮＳ広告には、直視できないほど刺激的な、コンプレックスを煽るような文言が並ぶ。これらを見る限り、商品・サービスの何割かは「お金を稼ぐこと自体が目的化したビジネス」に思えてならない。

サモアではゴミをほとんど見なかった。大通りでは、頻繁に村人たちが掃除をしている。すこし郊外へ行くと、大規模なリゾートホテルは存在しない。聞くところによると、村が土地を管理しているケースが多く、結果的に美しい自然が今も残る。サモアの人々は、人間性や持続可能性を何より大切にしている。資本主義の限界が叫ばれて久しいが、これから人類が目指すべき世界のヒントがサモアにあるのは間違いない。

到着から数日もすると、当初不便に思っていた環境にもすっかり慣れて、むしろ居心地がよくなってきた。朝晩はスマートフォンで日本の仕事をこなし、日中は調査に精を出した。空いた時間はサモア人の友人らとおしゃべりを楽しんだり、海で夕日を眺めたりして過ごした。だんだんと自分が解き放たれていくのを実感した。

サモアの人々の見返りを求めない親切や物を分け合う行動に触れる度、毎回胸が熱くなった。この感覚は何だろう。ヒントは近内悠太著『世界は贈与でできている』(NewsPicksパブリッシング)にあった。

同書は「僕らが必要としているにもかかわらずお金で買うことのできないものおよびその移動」を、贈与と呼ぶとしている。

親しい人から誕生日に腕時計を贈られたとする。その瞬間、腕時計はたったひとつの特別な存在となる。このように、何かを贈ることとは、単なる商品に唯一無二性を与える行為である。市場価値には回収できない「余剰」を与えるが、この余剰を自分自身で買うことはできない。他者から贈与されることでしか、本当に大切なものを手にすることはできない。同書は贈与について上記のように説明する。

信頼関係のなかで物を共有し、循環させることで、けっして買うことのできない余剰をサモアの人々は手にしているわけだ。ここに、幸福の秘密がある。

実は、スモールビジネスは贈与で生まれる余剰に近い価値を提供している。機能性だけではなく、肌触りや知識、感情、関係性など、厳密にいうとお金だけでは手に入らないものばかりだ。

第1章で紹介したフー代表の徳谷柿次郎氏も、スモールビジネスを通して余剰を生んでいる。長野県内でコーヒースタンドとスナックを立ち上げた徳谷氏は、「場をつくったことで、ローカルの住民だけでなく全国から人が集まる土地になった。僕の店で偶然の出会いが生まれることは、土地を豊かにすることであり、僕自身がそれをおもしろいと感じている」と語る。

かつてイギリスのコーヒーハウスには、政治家やジャーナリスト、作家、商人など多様な属性の人や物が集い、そこから文化が生まれていった。このことを念頭に徳谷氏は「コーヒーを通じて街自体を変化させたい」と考えている。「トントンビジネス、ポンポンポン」。徳谷氏が好んで使うフレーズだ。損益分岐点付近のスモールビジネスを、軽やかに次々と立ち上げることを意味するという。それにより、地域に価値が生まれ、人が集まってくる。編集者としての顔も持つ徳谷氏の発信力があってこそだが、お金では買えない余剰を求めて人が集まってきているわけだ。

資本主義は永遠ではない。経済システムとしての資本主義がいつか終わりを迎えたとき、お金では買えない余剰を提供しているスモールビジネスの価値は高まる。見方を変えると、余剰を提供するスモールビジネスが増えることは、資本主義が終わりに近づくことを意味するのかもしれない。

ローカル×グローバル

ローカルとグローバルを見事につなぎ、独創的なスモールビジネスを営む人物がいる。かつて神戸市でプロミュージシャンを目指して活動していた吉田義貴（よしだよしたか）氏は、世の中の厳しさに打ちひしがれていた。ギターボーカルとしてバンド活動を続けていたが、「才能があるやつらにはどうやったって勝てない」と気づいたのだ。25歳のとき、プロへの道をあきらめる。そこから数年間、本気で取り組める職を探すなかで、以前から興味があったファッション関係の道に進むことを決意する。

しかし、デザインや縫製の経験はない。まずは自分でつくってみたが、当然ながらまったくうまくいかなかった。頭のなかにシャツのイメージはしっかりある。あとは技術だけだ。そう考えた吉田氏は、神戸市内の服飾専門学校に通い、基礎を身につけた。在学中にメンズのシャツブランド「TRAILER（トレイラー）」を立ち上げ、神戸の自宅アパートでデザインや縫製を続けた。友人・知人から受注して日銭を稼ぎ、イベント出店でブランドの知名度を高めようと努力した。

私が吉田氏と出会ったのはちょうどそのころだ。新聞記者時代、週末に神戸元町商店街をぶらついていた。するとアーケードの真ん中に立っている大柄な男性が目に入った。男性の脇には、生地や形の美しいシャツがハンガーラックにかかっている。吉田氏のパワフルな話し口、そして丸襟がかわいらしいシャツのデザインに魅力を感じ、そのまましばらく立ち話をしたのをきっかけに交流が始まった。

吉田氏は「（熊本の）阿蘇が好きだ。阿蘇でブランドを立ち上げたい」と、事あるごとに口にしていた。観光で滞在した際に、綺麗な空と水、そして雄大な景観に魅了されたのだという。それからしばらくして、吉田氏は本当に阿蘇に移住してしまう。その行動力には私も舌を巻いた。

移住した吉田氏は、自らのブランドの商品を販売する店「LaZONE（ラ・ゾーヌ）」を立ち上げ、その後はアパレルブランド「gogaku（ゴガク）」をスタートさせた。ブランド名の由来は、中岳、高岳、根子岳などからなり、阿蘇の雄大な景観をつくり出している阿蘇五岳。かつて私に語ってくれた想いを、実現したのだ。「シャツを通じて、自由を感じ、楽しみを感じてもらいたい」というコンセプトのブランドは感度の高い女性から支持を集め、フランスのパリや台湾の台中のイベントからも声がかかった。現在ゴガクは、熊本空港や熊本市中心部、福岡・天神に、直営店を含む3店舗で営業を続けている。

吉田氏は阿蘇について「海外のどの景勝地にも負けないような、すばらしい景観」と胸を張る。いっぽうで、海外に足を運ぶ度に、阿蘇の認知度が今ひとつなことがもどかしかったという。「ゴガクは阿蘇に根ざしたブランドだ。自分が海外に打って出ることで阿蘇の認知度を高め、より多くの人に阿蘇に足を運んでもらいたい」。アパートの1室から始まった吉田氏のストーリーは、まだスタートしたばかりだ。

吉田氏のように、地域に根ざしつつ、グローバルに活動するケースが目立つ。本書で紹介してきた人々の多くもそうだ。本人が海外に打って出るケースもあれば、海外から店を目当てにゲストが訪れるケースもある。グローバルでなくとも、地域外から人を呼び込むスモールビジネスは世の中にごまんとある。尖ったコンセプトで唯一無二のスモールビジネスは、世界の目的地となる。

１軒の店が、地域を変えていく。本書では、スモールビジネスの時代がすぐそこまで来ていることを論じてきた。「ローカル×グローバル視点」のスモールビジネスは、今後ますます増えていくであろう。

スモールビジネスの「茶会化」

第２章でコミュニティーの数が増え、サイズは小さくなり、コミュニティーを構成するメンバーの興味関心は深くなっていることを説明した。時代が進むにつれて、この傾向はより顕著となる。

先述の通り、コミュニティーの大きさは、すなわち市場のサイズである。ひとつの事業で主要ターゲットにできるコミュニティーはひとつであり、その意味では人口減少とは別の理由で市場がさらに小さくなっていく。

スモールビジネスはこれからさらに小さくなるだろう。すると、お金ではなく、それ以外のメリットや無形資産を求めて起業する人も増え、ビジネスが広く知れ渡ること自体がマイナスに作用する場面も出てくる。むしろ、限定された層に深く刺さるようなサービスが求められる。

２０２３年12月、私は『マーケティングＺＥＮ』共著者の宍戸幹央氏と共に、イベントを企画した。イベント名は「ＡＩ時代の茶会―今とこれからを生きる智慧の対話―」。能舞台を備えた鎌倉の「旧村上邸」で、お抹茶と茶菓子をいただき、最先端のＡＩやテクノロジーに関するミニセミナーを聴講し、さらにシンギング・リン（ヒーリングを目的とした楽器）の音色を聴きながら坐禅を組むという内容だ。

10人の参加枠はすぐに埋まり、また参加者の満足度は高かった。それはなぜかといえば、特定の層のニーズに合致したからである。

参加者はビジネスパーソンが中心だった。ノイズが多い現代において、スマホから距離を置いて頭と身体をリセットできる機会は貴重だ。さらに最先端テクノロジーの

図10　スモールビジネスの「茶会化」

茶会にはスモールビジネスの
未来が詰まっている

講演を聴講したあと、利害関係のない参加者同士で感じたことを共有し合う。

企画に際してのペルソナは宍戸氏と私自身であった。「こんな会があったら行ってみたい」と思えるような企画とした。

あらゆるコミュニティーサイズが小さくなっている時代にあって、「自分自身がペルソナ」という戦略は有効だ。より大きなパイを狙う時代ではない。「コミュニティー＝市場」が縮小し、かつ数が増加している。これまでと同じサイズの市場はもはや存在しない。こうした環境の変化が、自分自身をペルソナにしたスモールビジネスの合理性を高める。「AI時代の茶会」は事業として企画したわけではなかったが、こうした戦略の有用性を証明する形となった。

かつて戦国武将たちは心を落ち着かせるために茶会を開いたという。現代の世の中は、不安に覆われている。先が見えず、焦りを抱く人も多いであろう。茶会のニーズが高まっている所以(ゆえん)であり、現に、ここ最近は特定のコミュニティーで茶会が開かれている。

茶室の小さな「にじり口(ぐち)」は、刀を差したまま入ることが難しい。茶室において身分は平等という意味合いがあるからだ。茶会の参加者は茶菓子や掛け軸を通じて季節を感じ、美意識に触れる。お茶を飲むと、気持ちが落ち着く。かつて戦国武将らが茶室で情報交換をしたという話もある。テクノロジーの発達がとどまるところを知らず、先の見えない時代にあって、まさに今必要とされていることばかりではないか。

近い将来、スモールビジネスにおいても、ミニマムな規模感や身体感覚、季節感を大切にした、顔の見える関係が求められるはずだ。茶会形式を採用するか否かにかかわらず、こうしたニーズを満たす商品・サービスが発達していくだろう（203ページの図10）。

一発勝負が持つ力

ロンドンへのロングフライト中、やることがなくなったので映画を鑑賞することにした。適当に選んだのは、『ボイリング・ポイント／沸騰』（フィリップ・バランティーニ監督）だ。ロンドンの高級レストランを舞台に次々とトラブルが発生する、目が離せない展開である。特筆すべきは、全編90分ワンショットで撮影している点だ。登場人物の動きが多いにもかかわらず、一度もカメラを止めることなく撮影されている。ストーリー自体も、人生崖っぷちのオーナーシェフがトラブルの数々に対処していくもので、なかなかおもしろいのだが、それ以上に緊張感がすさまじい。途中、台詞が出てこずにアクターがややいい淀む箇所があり（台本に書かれているのかどうか不明）、勢いで押し切ってしまうのだが、まさに観ているこちらも手に汗握る展開である。

欧米圏を中心に話題を集めた本作だが、仮にワンカットではなかった場合、ここまで評価されることはなかったであろう。そう、人間はコンテンツ制作の過程（プロセス）を楽しめる動物なのだ。時には、アウトプットのクオリティーそれ自体よりも、むしろプロセスを称賛することもある。

最新のＡＩを使えば、記事から絵画まで何でも生成できるようになった。なかには、ＡＩによるものだと分からないほどのクオリティーのものもある。ただ、なぜだか心が動かされない。特に、ＡＩによるものだと知ってしまうと、テクノロジーの進化にともなう感動はあるものの、本当の意味で心が動かされることはない。

理由は明白だ。ＡＩは「過程」をコンテンツに盛り込めないからである。過程の透明化は、緊張感を生む。私は長いこと「コンテンツには緊張感が必要だ」と訴えてきた。過程を見せることで目が離せない緊張感を提示できると考えていた。ところが『ボイリング・ポイント／沸騰』を見て、緊張感だけでは説明が足りないことに気づいた。一発勝負――これこそ人間が求めているものだ。

黎明期のテレビドラマは生放送の一発勝負だった。そもそも人間は完璧さを求めていない。誰もが、一発勝負の目撃者となりたい。時にはハプニングを目にしたい。だからこそ真剣勝負のスポーツ、そして音楽ライブや演劇などパフォーマンス型の表現活動に、お金を払うのだろう。

一発勝負の過程、時間を客と共有できるスモールビジネスは強い。プレゼンテーシヨンに重きを置く飲食店が増えているが、これも一発勝負の世界だ。以前訪れた東京・銀座のジビエ料理店は、カウンターいっぱいにさまざまなジビエ肉を並べ、客にその場で選ばせるスタイルだった。また、青山一丁目の高級レストランは、テーブル上でパンを焼いてくれた。いずれも私にとって忘れられない体験である。体験型の店は、一発勝負の時間を客と共有しているのだ。

ビッグビジネスは同じ商品・サービスを大量に提供する必要がある以上、一発勝負による価値提供は難しい。この分野はスモールビジネスの独壇場なのだ。今後、AIのようなテクノロジーが発達すればするほど、一発勝負の価値はさらに高まるだろう。

ヘリテージ活用

熊本市の旧城下町エリアにある市の景観形成建造物「早川倉庫」は、ストーリーのある建物だ。この場所にはもともと、長州藩毛利家一族の岡崎家が開業し、にごり酒や赤酒（正月のお屠蘇、または調理に用いられる、赤みを帯びた熊本の文化に欠かせない酒）を生産する「岡崎酒類醸造所」があった。1877（明治10）年2月に西南戦争のため焼失し、同年12月に再建された建物が現在も残る。建物はその後、日用雑貨の卸売業に使用され、終戦後の1954(昭和29)年に倉庫業を開業し、現在に至る。建築には、西南戦争で焼け残った熊本城の廃材が再利用されている可能性が極めて高いとされ、見所のひとつとなっている。

現在、早川倉庫では建物の一部をイベントに貸し出している。音楽ライブ、マルシェ、演劇。年間数十回ほどイベントが行われており、早川倉庫のストーリーに惹かれた人々が県内外から集う。

2023年4月には、早川倉庫2階にコワーキングスペースが誕生した。名称は、明治時代にこの場所で開かれていた商業塾に由来する「素心吟舎(そしんぎんしゃ)」だ。ウェブ会議スペースや打ち合わせスペースを備えたモダンなデザインだが、土壁や梁(はり)からは歴史の重みが感じられる。実は、本書の原稿執筆の追い込みのとき、私はこのコワーキングスペースにこもっていた。土壁が外音を吸収するのか、静かな環境で執筆がはかどった。

素心吟舎のパンフレットには「町並みを未来へつなげていく」と書かれている。この言葉通り、素心吟舎ではコワーキングスペースの運営だけでなく、旧城下町エリアへの出店サポートも行っているという。エリア内には歴史を見守ってきた町家が多数残る。しかし、２０１６年の熊本地震によってダメージを受けた町家は多く、また老朽化もあって、更地化や駐車場への転用が進む。

早川倉庫の早川祐三（はやかわゆうぞう）氏は、「世の中が便利になった半面、街から個性が失われ、地域の『平均化』が進んでいる。僕たちは、訪れる価値のあるまちづくりを目指して、代々受け継いできた大切な建物を守りながら活用しているんです」と胸の内を明かした。

早川氏は築１４８年の早川倉庫を運営する傍ら、築２００年近い町家をリノベーションしてゲストハウスを立ち上げた。「僕からすれば受け継いできた建物を守るのは当然のこと。先人たちが生きた証で、ストーリーもある。新しく建てること以上に価値があるんです」と力強く語る。

早川倉庫のように、歴史的・文化的に価値ある建物をヘリテージ（遺産）と呼び、活用を通して保全していくことをヘリテージ活用という。これは一時のトレンドではなく、世界の常識である。東京の旧万世橋(まんせいばし)駅を活用した商業施設「マーチエキュート神田万世橋」に、ニューヨークのグランドセントラルステーションのバー。歴史的建造物の存在感は唯一無二であり、建造物のストーリーをコンセプトに合致させた店は吸引力を生む。

数万年前の洞窟壁画を見ても分かるように、人類と物語は切っても切れない関係にある。人はストーリーを求める。スクラップアンドビルドの街にストーリーは存在しない。建物や土地のストーリーは、それ自体が価値となる。ＳＦ映画で見られる近未来の街から、人間らしい営みは感じられない。

建て直すのと同等のコストがかかったとしても、ヘリテージ活用の流れは止まらない。スクラップアンドビルドが進めば進むほど、相対的にストーリーのある建物の価値は高まる。ロンドンのコール・ドロップス・ヤードやシドニーのクイーン・ビクトリア・ビルディングなどには、日本の大型商業施設にはない魅力がある。

ＡＩの発達にともない、世の中から人間性が失われていった。それが「人間らしさ」の価値を高めるという皮肉を生んでいる。歴史と文化は人間が培ってきたものであり、人間らしさの象徴だ。現代の高層ビルはヘリテージには勝てない。

歴史的建造物と相性がよいのがスモールビジネスだ。拡大路線を走るビッグビジネスは、尖ったコンセプトをつくりづらい。画一的な大型の商業施設のように、結局は万人受けを目指すことになるからだ。

その意味では、近い将来、ヘリテージ活用とスモールビジネスがさらに接近するだろう。そこにスモールビジネスの未来がある。

おわりに

スモールビジネスの取材・研究を始めておよそ8年が過ぎた。取材先で「ここまでこだわるのか」と驚かされたことは、一度や二度ではなかった。長く続く店の店主らは、総じて商品・サービスにこだわり抜き、店の世界観を守るための努力を怠らない。この事実に感銘を受けた私は、取材・研究の成果をいつか世に伝えなければとの使命感と共に国内外を歩き回った。

当初、「長くスモールビジネスを続ける秘訣」という切り口でまとめようと考えていた。ところが、取材先では常に新しい発見があり、また取材を通じて築いた人脈で次々と店を紹介してもらえるため、なかなか区切りをつけられなかった。

そんななか、間口を狭めた店が世界的に増えていることに気づいた。看板がなかったり、インターネット上に情報が存在しなかったり。いったいどのような意図なのだろう。強い興味を抱いた私は、「間口を狭めた店が増えている理由とその効用」というテーマで取材を続けた。

取材が一段落したころ、スモールビジネスに関する書籍出版の話が持ち上がった。私は「長く続ける秘訣」と「間口を狭めた店」のどちらの切り口で書くべきか、悩みに悩んだ。前者はすべてのスモールビジネスの参考となる。後者はテーマとしておもしろいが、必ずしも再現性が高くない。結論が出せぬまま、つまり構成が固まらないままずるずると時間が過ぎ、いよいよ書き始めねばならないというタイミングで、祥伝社の編集者と話しているうちにアイデアが生まれた。

まず長続きさせる秘訣を説明したあとに、よりハイレベルな「間口を狭める戦略」を解説することで、スモールビジネス経営の基礎編と応用編のような構成にできるのではないか。

流れとして美しいし、内容も充実する。そう確信した私は、すぐに執筆に取りかかった。執筆期間中、数多くの追加取材が生じたが、取材先の方々は快く協力してくださった。よく知る店主らには、私の論に矛盾や違和感がないか、また実際に使える戦略であるか何度も確認してもらった。多くの方々の協力のもと、なんとか書き上げることができた。そうやって出版に至ったのが本書である。

あらためて読み返すと、スモールビジネスの経営者やスモールビジネスを立ち上げようとしている方だけでなく、営業パーソン、中小企業の経営者、大企業の新規事業開発セクションの方、まちづくりに携わる方にも役立つ内容になったと思う。AIにできることが増えた今、「何をやるか」ではなく「誰がやるか」のほうが遥かに重要だ。本書の第3章、第4章は、個人や小さな組織のブランディングにもつながる内容であり、その意味では、AI時代に本書を出版することの意義を感じる。

スモールビジネスは日々の生活に彩りを添え、地域の魅力を高める。効率化・自動化とは対極にあり、人間を人間たらしめる役割を担う。スモールビジネスは、私たち現代人にとって欠かせない存在で、今後注目度はさらに高まっていくだろう。人間性を取り戻すためにスモールビジネスに取り組んだり、スモールビジネスを利用したりする人が増える「スモールビジネス新時代」の到来を予測し、筆を擱(お)きたい。

なお、本書の一部に、Forbes JAPANウェブ版で公開された記事を加筆修正する形で使用している。歴代担当編集者の方々には大変お世話になった。
最後に、本書は大勢の方々のご協力のもと出版に至った。取材・研究に協力してくださったスモールビジネス業界の皆様。松田菜緒さんはじめ祥伝社の皆様。執筆や本業の業務で疲れ果てたとき、リフレッシュの機会をくれた行きつけの店の方々。執筆をサポートしてくれたクマベイスのメンバーたち。取材や執筆を見守ってくれた家族。本書にかかわってくださったすべての皆様に、この場を借りて御礼申し上げます。本当にありがとうございました。

熊本市東区・エラリー珈琲店にて　　田中森士

主要参考文献

第1章

東洋大学経営力創成研究センター編『スモールビジネスの経営力創成とアントレプレナーシップ』学文社　2019年
寺岡寛『スモールビジネスの経営学―もうひとつのマネジメント論』信山社　2003年
齊藤毅憲『スモール・ビジネスの経営を考える―起業主体の観点から』文眞堂　2006年
武田所長『スモールビジネスの教科書』実業之日本社　2022年
N・J・ハンフリーズ、G・W・リムラー著、藤本直訳『スモール・ビジネスの挑戦―不況に打ち克つ経営戦略』PHP研究所　1981年
碓井美樹『〝好き〟を仕事にする力―スモールビジネスを立ち上げた100人の女性たちのリアル』PHP研究所　2023年
磯木淳寛『「小商い」で自由にくらす―房総いすみのDIYな働き方』イカロス出版　2017年
「スペクテイター」第27号　有限会社エディトリアル・デパートメント　2013年発行
「スペクテイター」第34号　有限会社エディトリアル・デパートメント　2015年発行
平川克美『小商いのすすめ―「経済成長」から「縮少均衡」の時代へ』ミシマ社　2012年
鈴木雅矩『京都の小商い～就職しない生き方ガイド～』三栄書房　2016年
岩崎邦彦『スモールビジネス・マーケティング―小規模を強みに変えるマーケティング・プログラム』中央経済社　2004年

飯田順『誰でもできる新ビジネス発見法―スモールビジネスを始めるすべての方へ』税務経理協会　2014年
竹田陽一『ランチェスター弱者必勝の戦略―強者に勝つ15の原則』サンマーク文庫　1993年
デブラ・クーンツ・トラベルソ著、阪本啓一訳『スモールビジネスマネジメント―大企業なんかに負けないための超実践的ガイド』翔泳社　2001年
イモージェン・ルペール著、レスリー・ラウ写真『An Opinionated Guide to Independent London』Hoxton Mini Press　2021年

第2章

人口戦略会議「令和6年・地方自治体『持続可能性』分析レポート――新たな地域別将来推計人口から分かる自治体の実情と課題――」2024年
レイ・オルデンバーグ著、忠平美幸訳『サードプレイス―コミュニティの核になる「とびきり居心地よい場所」』みすず書房　2013年
飯田美樹『インフォーマル・パブリック・ライフ―人が惹かれる街のルール』ミラツク　2024年
エリック・ブリニョルフソン、アンドリュー・マカフィー著、村井章子訳『機械との競争』日経BP社　2013年
NHK NEWS WEB「『AIで仕事失いました』あなたの働き方が変わる?」2023年9月7日配信
吉井仁実『〈問い〉から始めるアート思考』光文社新書　2021年
野村総合研究所「生活者年末ネット調査」2021年

第3章

甲斐かおり『ほどよい量をつくる（しごとのわ）』インプレス　2019年
ポール・ジャルヴィス著、山田文訳『ステイ・スモール―会社は「小さい」ほどうまくいく』ポプラ社　2020年
共同通信 KYODO NEWS「インドの安宿街に響く関西弁 コルカタのガイド、サトシさん」2024年11月21日配信
田中森士『カルトブランディング―顧客を熱狂させる技法』祥伝社　2021年
デービッド・アーカー著、阿久津聡訳『ブランド論―無形の差別化をつくる20の基本原則』ダイヤモンド社　2014年

第4章

西村佳哲『自分の仕事をつくる』ちくま文庫　2009年
宍戸幹央、田中森士『マーケティングZEN』日本経済新聞出版　2023年

第5章

J・N・カプフェレ、V・バスティアン著、長沢伸也訳『ラグジュアリー戦略―真のラグジュアリーブランドをいかに構築しマネジメントするか』東洋経済新報社　2011年
近内悠太『世界は贈与でできている―資本主義の「すきま」を埋める倫理学』NewsPicks パブリッシング　2020年

切りとり線

★読者のみなさまにお願い

この本をお読みになって、どんな感想をお持ちでしょうか。祥伝社のホームページから書評をお送りいただけたら、ありがたく存じます。今後の企画の参考にさせていただきます。また、次ページの原稿用紙を切り取り、左記まで郵送していただいても結構です。

お寄せいただいた書評は、ご了解のうえ新聞・雑誌などを通じて紹介させていただくこともあります。採用の場合は、特製図書カードを差しあげます。

なお、ご記入いただいたお名前、ご住所、ご連絡先等は、書評紹介の事前了解、謝礼のお届け以外の目的で利用することはありません。また、それらの情報を6カ月を越えて保管することもありません。

〒101－8701（お手紙は郵便番号だけで届きます）
祥伝社　新書編集部
電話03（3265）2310
祥伝社ブックレビュー　www.shodensha.co.jp/bookreview

★本書の購買動機（媒体名、あるいは○をつけてください）

＿＿＿＿新聞の広告を見て	＿＿＿＿誌の広告を見て	＿＿＿＿の書評を見て	＿＿＿＿の Web を見て	書店で見かけて	知人のすすめで

★100字書評……なぜ看板のない店に人が集まるのか

名前

住所

年齢

職業

田中森士　たなか・しんじ

株式会社クマベイス代表取締役／アジアスモールビジネス連盟 日本 代表／コンテンツマーケティングコンサルタント。1985年熊本市生まれ、熊本市在住。熊本大学大学院修士課程修了後、県立高校常勤講師、産経新聞の記者を経て、2015年にクマベイスを創業。海外カンファレンスへの参加や、世界中のマーケティング成功事例の視察で得た知見を、セミナーやワークショップ、執筆活動を通し伝えている。Forbes JAPAN Web版、日経クロストレンドなどで執筆中。単著に『カルトブランディング』(祥伝社新書)、共著に『マーケティングZEN』(日本経済新聞出版)、『メールマーケティング』(エムディエヌコーポレーション)。

なぜ看板のない店に人が集まるのか
——スモールビジネスという生存戦略

田中森士

2025年4月10日　初版第1刷発行

発行者……………辻 浩明
発行所……………祥伝社しょうでんしゃ
〒101-8701　東京都千代田区神田神保町3-3
電話　03(3265)2081(販売)
電話　03(3265)2310(編集)
電話　03(3265)3622(製作)
ホームページ　www.shodensha.co.jp

装丁者……………盛川和洋
印刷所……………萩原印刷
製本所……………ナショナル製本

Printed in Japan　ISBN978-4-396-11712-2　C0234

〈祥伝社新書〉
令和・日本を読み解く

622
老後レス社会　死ぬまで働かないと生活できない時代
「一億総活躍」の過酷な現実と悲惨な未来を描出する
朝日新聞特別取材班

666
スタグフレーション　生活を直撃する経済危機
賃金が上がらず、物価だけが上昇するなか、いかにして生活を守るか
経済評論家　加谷珪一

676
どうする財源　貨幣論で読み解く税と財政の仕組み
「日本は財政破綻しませんし、増税の必要もありません。なぜなら――」
評論家　中野剛志

683
闇バイト　凶悪化する若者のリアル
犯罪社会学の専門家が当事者を取材。身近に潜む脅威を明らかにする
犯罪社会学者　廣末　登

705
令和ヒットの方程式
マーケター必読！　データで読み解く、あたらしい時代のヒットの裏側
博報堂DYグループ　コンテンツビジネスラボ

〈祥伝社新書〉
令和・日本を読み解く

652
2030年の東京
『未来の年表』著者と『空き家問題』著者が徹底対談。近未来を可視化する
作家、ジャーナリスト 河合雅司
不動産事業プロデューサー 牧野知弘

695
なぜマンションは高騰しているのか
誰が超高級マンションを買っている？　不動産から日本社会の変化を考察する
牧野知弘

708
新・空き家問題 2030年に向けての大変化
「大量相続＝空き家激増」時代の到来を、業界の第一人者が読み解く
牧野知弘

696
詭弁(きべん)社会 日本を蝕む〝怪物〟の正体
近年の政治における詭弁をさまざまな角度から分析・検証する
戦史・紛争史研究家 山崎雅弘

710
動乱期を生きる
対話から見えてくる、「三流腐敗国」日本と退行する世界の行方――
思想家 内田　樹
山崎雅弘

〈祥伝社新書〉
経済を知る

625
カルトブランディング 顧客を熱狂させる技法
グローバル企業が取り入れる新しいブランディング手法を徹底解説
マーケティングコンサルタント 田中森士

650
なぜ信用金庫は生き残るのか
激変する金融業界を徹底取材。生き残る企業のヒントがここに！
日刊工業新聞社千葉支局長 鳥羽田継之

636
世界を変える5つのテクノロジー SDGs、ESGの最前線
2030年を生き抜く企業のサステナブル戦略を徹底解説
ベンチャー投資家・京都大学経営管理大学院客員教授 山本康正

660
なぜ日本企業はゲームチェンジャーになれないのか
――イノベーションの興亡と未来
山本康正

706
シンボルエコノミー 日本経済を侵食する幻想
「資本主義の終焉」を説いた著者が、中世化する21世紀世界を読み解く
経済学者 水野和夫